图书在版编目（C I P）数据

中国外销瓷 / 甘雪莉著 .—上海：东方出版中心，2008.8

ISBN 978-7-80186-865-7

I. 中… II . 甘… III . 瓷器（考古）—中国—图录
IV .K876.32

中国版本图书馆 CIP 数据核字（2008）第 105717 号

策划 潘翎
责任编辑 张晶
图版设计 郑魏、万俊
版式设计 严惠珊

书名 中国外销瓷
CHINESE PORCELAIN: An Export to the World
著者 甘雪莉
译者 张关林
校订 许迪锵

出品人 祝君波
出版 东方出版中心
地址 上海市仙霞路 345 号
电话 62417400
邮政编码 200336
印刷 中华商务联合印刷（广东）有限公司
版次 2008 年 8 月第 1 版第 1 次印刷
规格 大 32 开 (140 × 210mm) 184 面
国际书号 ISBN 978-7-80186-865-7
定价 48.00 元

中国外销瓷

CHINESE PORCELAIN

AN EXPORT TO THE WORLD

甘雪莉 著

東方出版中心

目录

1

陶瓷

御用

外销

瓷窑

导言

白色。轻叩时会发出乐音。隐约透光。除了瓷器，还有什么可以这样形容？瓷器甫从中国出口，就博得世界的赞赏、商人的注目和收藏家的青睐，且激发了致力仿制这种珍贵物料的西方陶匠的创意。不论是珍藏传世，还是从沉船打捞或地下出土的瓷器，都以其耐久无缺而成为研究早期世界贸易和跨文化交流的理想媒介。

中国的瓷器制造有悠久历史，其独传之秘延续千多年，世界莫不求之若渴，趋之若鹜，这也就难怪要以“china”来命名这种美观、实用而又耐用的器皿。累世以来，茶和丝虽然是东西贸易的主体，但谈到推动跨文化对话，促进意念、纹饰、设计和技术创新的交流，则非瓷器贸易莫属。

中国早在汉代（前206～公元220年）开始开辟贸易之路，到唐代（618～907年）已经建立庞大的市场，贸易往来莫不以对方的奇珍异器为尚。瓷器从海陆两路出口，远届土耳其、东非，近则至菲律宾、日本和印尼等地，不仅供王室贵族收藏和使用，也作为家族的传家宝收藏，甚至作为墓葬品使用。

江西景德镇以盛产瓷器著名，遂有瓷都之称。宋代（960～1279年）发明了白中泛青的蓝白釉瓷器（青白瓷，

潘趣（Punch）瓷酒碗。景德镇制，描画了瓷工的工作情形。18世纪，直径40厘米。私人收藏。

俗称影青），青白瓷不仅出口，还供应国内市场和皇室御用。元（1279～1368年）明（1368～1644年）两代，青白瓷风靡世界，景德瓷的名声由是确立。

一般来说，瓷是一种白色、半透光、玻璃化的物料，

在摄氏1300度左右的窑里烧制成器。但瓷器并不一定是纯白色或半透光的，这要视瓷土所含杂质及其厚度而定。中国外销瓷的品质因其出口市场、以及制造时间和地点而各有差异。质厚粗糙的瓷器通常销往亚洲各地，后来也销往西方，纤薄而绘制精美者则多销往欧洲，供日常使用和收藏。

“外销瓷”是一个意思多少有点含糊的字眼，既可泛指不同品质、粗糙精细兼而有之的陶瓷，如供应本土市场，随后也销往国外，包括唐宋时出口东亚、东南亚和西亚的陶器；也专指为国外市场生产的瓷器，如元代时为穆斯林市场制造的大型“食盘”，以及18世纪根据指定欧洲式样和图案特制的瓷器。研究指出，过去认为大多数外销瓷只在民间窑场制作的看法并不正确，在明、清（1644～1911年）两代，尽管景德镇是官窑所在，专为宫廷服务，但它在生产宫廷瓷器之余，也生产出口瓷器，这也是许多外销瓷品质优越的原因。

起初，中国商人并不直接与西方买家交易，而是通过中介商由海路或陆路付运，这些中介商大都是阿拉伯商人。但自16世纪初葡萄牙开辟了通向中国的航线后，贸易日趋蓬勃，西班牙、荷兰、英国和其他国家也纷纷从这个有利可图的市场分一杯羹。从全球各地沉船和考古遗址中发现的中国瓷器，增加了人们对瓷器贸易分布范围和内容的了解。

御用瓷，不供外销：清康熙（1662～1722年）青花龙鱼纹圆碟（左上）；瓷罐（右上），清光绪（1875～1908年）。南京博物馆藏。

从16世纪末欧洲开始，摆设和使用中国瓷器，以至于以中国款式为蓝本的日本瓷器，成为地位的象征，是富贵且具鉴赏品味的人家才能享有的奢侈。他们的收藏丰富得要用整间房间来陈列。英国以至全欧洲的陶匠，都试图复制精白、耐久的瓷器，由此衍生了新型的陶瓷品种，如骨瓷、软质瓷。不过，它们的精细和纯白、光亮程度都比不上从中国进口的瓷器。经过多年摸索，直到1709年德国迈斯的工匠勘破制陶的奥秘，局面才有所改观。

到18世纪，欧洲（稍后还有美国）的贸易公司为与中国在瓷器贸易中争一日之长短，指定要根据西方的式样、色泽和图案制造套装餐具和其他器皿。东西方陶匠的意念交流，产生各式各样眩目的新品种，来自不同国家的瓷器时见错配的样式和系列设计，以致今天人们还在问：“究竟谁抄袭谁？”

陶瓷技术

瓷器究竟是什么？要回答这个问题，就得简单介绍一下：黏土、釉和瓷窑。

黏土是花岗岩风化的产物，花岗岩先碎裂成长石、云母和石英，它们都含有硅，而硅也是玻璃的主要成分。进一步的物理和化学变化，产生了各种颜色和类型的黏土，这取决于当中的其他矿物成分。

世界各地都有黏土，由于黏土容易得到并具有可塑性，成为远古人类最先使用的材料之一。黏土不同于粉砂，特别适合制作陶瓷。在显微镜下，粉砂颗粒粗糙，黏土则是扁平的微粒，加进水分后会相互黏合，用手或在陶盘上挤掉多余的水分后会形成固定的形状。陶工一般喜欢把可塑与不可塑黏土混合起来使用，这样既容易塑造陶器的“胎”，使其保持形状，干涸或在窑里烧制后又不会过分收缩。

一种叫高岭土（因产于景德镇附近的高岭而得名）的稀有黏土，是瓷器两种主要成分之一。高岭土呈白色，富含矾土，颗粒粗幼不一。但品质最好的高岭土（微粒大小一致，呈白色亮光）产于日本、德国和法国；中国、巴西、英国和美国乔治亚州则蕴藏量较大。由于高岭土可塑性很强，通常不单独使用：它容易成形，但不易保持形状。它的熔点高达摄氏1700度，是很难达到的温度，因此要加上

在景德镇，木制的重力桩锤把浅坑里的瓷石打成粉末，锤尖包上金属，以防因经常猛烈敲打而碎裂。重力桩锤靠从溪流引水以水力运作，溪水也供沉淀槽使用。早在汉代（前 206 年～西元 220 年）的陪葬陶制模型中也可见类似的重力锤，是用来打谷的。

瓷工以泥坨拉坯法拉出瓷盘。泥坨很大，可以拉出好几个瓷盘，无须在制作每个瓷盘时停下来把另一份瓷泥放到陶轮上。

“利坯”在瓷胎半干或全干时进行。瓷工用自己的脸颊来支撑修坯工具，以便操控。当开口达到所需大小时，就把独立拉制成形的幼长瓶颈粘附在瓶身上。

坯子施以透明白釉，覆盖在钴蓝釉层上。经窑烧后，蓝色图案会透过透明面釉呈现出来。

其他材料提高其成形性，并降低瓷窑烧制的温度要求。

瓷器的第二种主要成分是瓷石，它的成分类似高岭土，也是由花岗岩风化而成，不同的是含有丰富的硅。它的颗粒大于高岭土，但磨幼后还是略具可塑性，如果与高岭土混合，就成为可制成各种形状的混合物，在约摄氏1280度下能烧制成玻璃质陶瓷。

人们并非一开始就用这两种物料来制作瓷器。在中国北方，瓷器主要由高岭土和其他黏土造成；在南方，从10到13世纪，瓷器几乎全用瓷石制成，后来才加上高岭土来提高品质，直到18世纪，两种材料的成分才差不多相等。

高岭土和瓷石在用来制作瓷器前需要许多准备工作。它们需要开采、磨碎、漂洗以去除杂质，用浮选法进行分离、沉淀，这样陶瓷成品才能精细洁白。为了提高准备工

（左上）风干瓷器的架子排满窑棚。

（右上）1982年景德镇最后一个烧柴的传统瓷窑，木料都是就地取材的。当时以至现在，大多数景德镇的瓷窑都采用燃油。这个老窑大部分隐藏在屋内，是传统的蛋形窑，窑室类似横卧的鸡蛋，一头是火膛，另一头是高耸的烟囱。

瓷器不论有没有底釉都能烧制。画师正以釉上彩绘画一个没有底釉的大瓶。1982 年，景德镇。

作的效率，早期许多瓷窑都建在水边。提炼好的瓷石和高岭土，还有釉料，都造成小白砖状以便使用，叫做“白墩子”。但许多时“白墩子”只用来指瓷石。经过提炼，瓷石和高岭土便可混合成可用的黏土。

瓷釉是施加在黏土表面的不透气玻璃质涂料。烧制时，釉在陶瓷表面熔化，形成一层薄薄的玻璃体。就瓷器而言，由于釉的成分和瓷胎接近，基本上是矾土和硅，所以釉熔化后会少量渗进瓷胎，令釉层不像陶器那样可以明显地与陶体区分。釉最重要的添加剂叫助熔剂，能降低熔点，让瓷窑无须达到高温就能把釉熔化。

釉的三种最常用呈色剂都是矿物颜料：铁（棕、黑色或绿、蓝色）、钴（蓝色）和铜（绿色或红色）。大多数外销瓷会用钴作为底釉，或用或不用其他颜料作为面釉。

这两种釉彩有重要的分别。青瓷（青白瓷）用钴颜料直接涂在未烧制的瓷胎上，瓷胎会像海绵一样把颜料吸收，然后用一种透明的釉料（有时叫白釉，因为它在烧制前呈不透明的白色）罩在原来的釉层上送去烧制。制成品在清澈光滑的釉彩下呈青蓝色，故名“青白瓷”。铁和钴都同样可用作底釉颜料。

至于釉上彩则顾名思义，瓷器无论有没有底釉，烧制后用其他颜色的瓷釉涂在烧过的透明釉上，以较低温度再烧，把颜色固定在原来的釉上。这种上釉方法通常会在瓷器表面形成凸起的触感，而釉下彩却没有。从 16 世纪以来

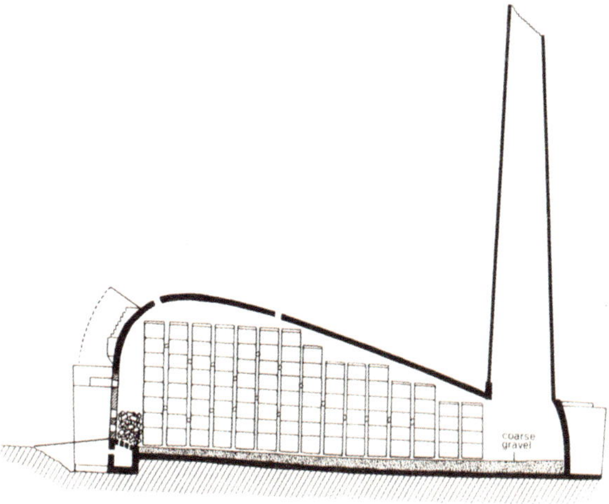

蛋形窑示意图。根据刘桢、郑乃章和胡由之的《镇窑的构造及其砌筑技术》，第二届北京国际古陶会议，1985 年；及北京中国历史博物馆馆藏资料。

使用的一种薄薄的铁红颜料，触感不像上述瓷釉明显，且容易磨损。

黏土制成的器皿若不经过窑烧不能长久保存。只有使黏土变得柔韧而易于塑造的水分必须去除，颗粒才能紧密黏合。黏土的类别、颗粒的粗幼和烧制时的温度，都会影响瓷器烧制时收缩率的大小。瓷器的体积收缩率可达30%。

瓷胎无论是否上釉，都必须在烧制前慢慢风干，然后放进窑里，慢慢提高温度，使瓷胎受热，去除剩余的水分。这期间任何一步操之过急，瓷胎就会破或裂。瓷胎受热干后要继续加温直至黏土和釉彩融合，并须把温度维持一段时间，确保黏土和釉彩稳固融合在一起，或玻璃化。窑的冷却时间一般与加热时间相等。

有几种重要的釉色变化是在窑里形成的。如果窑火纯净，有足够的氧来充分燃烧，就叫做氧化气氛。比如，用氧化铜作为底釉，经氧化火烧制能产生几种不同的绿色。

第二种气氛叫还原气氛，就是说把火封住，使之没有足够氧气来充分燃烧，窑内缺氧和冒烟。这样会产生一种化学变化，使同样的氧化铜颜料呈现不同的红色。在一次烧制中，在不同时间反复使用氧化火和还原火，就可产生许多不同的色彩效果。

中国瓷器，包括外销瓷都运用上述和别的创新技术烧制。本书要讨论的外销瓷，主要包括各种釉下彩青瓷和釉上彩瓷器。

世界瓷都景德镇

坐落江西东北部的群山中，现有150万人口的一个城市，就是世界陶瓷历史上最负盛名的景德镇。早在得名之前，它的陶瓷生产就远近闻名，宋朝第十个皇帝在景德年间（1004～1007年）赐名后，“景德镇”更以陶瓷精美驰名，许多瓷器都是按照御旨制造的。

景德镇得天独厚，不但瓷石和高岭土蕴藏量丰富，而且附近山林也有足够的木材可供烧制大量瓷器之用。最重要的是，景德镇的运输网络四通八达，连接各地市场，从镇内

1985年烟囱林立的景德镇。

的昌江可通鄱阳湖，再到长江和大运河。因此，景德镇的瓷器能通过相对便利的水路交通，运送到国内外市场。

14 世纪以降，官窑和民窑并行不悖。17 世纪末以前，官窑使用征役工（由官方征召作强制劳动，通常欠缺技术）和徭役工（按官府规定作定期劳动，报酬低或无偿，一般具有技术）。由于工作环境恶劣，而宫廷对御用瓷器的要求又高，工人们不易做到，因此骚乱不断。17 世纪中叶明朝衰亡，满清入主中国，景德镇的瓷器生产曾受干扰，出口剧减。后在康熙帝统治时期，瓷窑迅速恢复生产，同时雇佣工取代了徭役工。由具有较高专业的工人负责生产后，效率大为提高，开始了历时七十年的瓷都盛世。当时清官窑由三位颇具名望的督窑官监督，生产出了清代最好的瓷器。

耶稣会教士殷弘绪（Francois D'Entrecolles）18 世纪初在中国传教，能说流利的汉语，对当地风俗和物产观察细致入微。他在 1712 和 1722 年写给法国奥利（Orry）神父的长信里，详细描述了景德镇当时的状况和瓷器作坊的生产过程。在 1712 年的信里他写道，景德镇人口稠密，约有 18 000 户人家，100 万人，其中不少是窑工。瓷窑有 3 000 座，如果夜里入镇，还以为城镇着了大火。不过频繁发生的火灾，通常是过于拥挤和狭窄的街道造成的。

《景德镇陶录》一书的图说，1815 年。自上而下为："取土"、"洗料"（使高岭土和其他黏土脱去杂质）及"满窑"。

保护瓷器的匣钵（退火箱）砌在窑内。窑填满后，把窑口封闭才开始焙烧。

殷弘绪神父对瓷器生产的描述涉及这个行业的各方面，其观察之细之准，说明作者不仅对瓷器制作兴趣极浓，而且还亲历过作坊。他不知道德国迈斯刚发现了制瓷技术，他说，中国无法根据欧洲规格制作的某些瓷品，或许能在欧洲轻易地制造出来，只要那里能找到合适的材料就行。他对欧洲制瓷的困局应略有所闻，因为他说，马耳他的一种白土也许类似高岭土，虽然缺乏高岭土具有的云母的闪光微粒。

殷弘绪神父处身中国时，中国瓷器正风靡欧洲。他指出瓷器如此昂贵，是由于购买瓷器的欧洲人不知道瓷器如何制成，因此要求的样式一般很难、甚至不可能制造出来。如果改变样式，或成品有瑕疵，瓷器会被退回，瓷厂就得承担损失，因为这些产品在中国市场是卖不出去的。而且附近山上的木材已经被砍光，燃料的运输费用也增加了。当然，也还要计算督窑官、中国官员、欧洲船主和商人的进帐。

随着中国瓷器贸易扩展，景德镇备受全球注目。许多文艺作品都提到瓷器，18 世纪末美国诗人朗费罗（Henry Wadsworth Longfellow）的长诗《陶瓷》还提到了景德镇，他在诗里到世界各地的瓷窑“游历”了一番：

掠过沙漠和海湾，掠过恒河，掠过喜马拉雅，

我像鸟儿飞翔，唱着歌儿飞向花团锦簇的中国，

在景德镇上空，我像鸟儿盘旋，

那是一座彷佛在燃烧的城市，

三千座火炉火焰升腾，

空中烟雾缭绕，红光直冲云霄。

今天，景德镇依然是陶瓷中心，瓷窑和瓷工继续以精美的瓷器供应永不满足的世界。

瓷器的源流与青花瓷的发展

中国优质黏土蕴藏量丰富，使瓷器制造源远流长，并得以历久不衰。中国北方的优质黄土，是制造中国第一个兵马俑的材料。秦（前 221 ～ 207 年）的发音，据说就是西方人以 China 命名中国的由来。许多窑场使用同样来自中国北方的白色高岭土，以高温烧制形形色色的陶瓷，其中有的精细，有的粗糙。尤可注意的是，在中国南方，起初只用瓷石，后来才加进高岭土，结果造出使世界着迷的瓷器。

在第 8 和第 9 世纪，邢窑（在今河北）承袭使用中国北方高岭土以高温烧制出白瓷的早期传统，发展出精致的

宋定窑鹅纹碗，直径 23.5 厘米。上海博物馆藏。

白瓷，引起唐皇室的注意。邢瓷坚固耐用，造型简朴却别具吸引力，其精细者供宫廷御膳之用，其稍粗糙者则供应市场。邢瓷的声誉由此鹊起。在中东个别地方发现的邢瓷碎片，应是随早期贸易而传布当地的。邢窑在 10 世纪停产，其他瓷窑，尤其以生产皇室用瓷为主的定窑，填补了空白，通过开发新的生产和烧制工艺，制造出风格新颖的瓷器。

约在此同时（10 世纪末），中国南方景德镇的陶瓷生产也在发展。像邢瓷和定瓷一样，景德镇的瓷器也是用白色黏土制作，但不是高岭土，而只用瓷石。釉料是一种白中泛青的青白釉，瓷体精致纤薄，足与造型简朴并以雕刻纹样装饰的北方定瓷媲美。瓷石的可塑性较低，可塑造成立体器物和加上圆珠一类的复杂表面装饰，清澈的青釉流遍暗角和缝隙，使整个器皿浑成一体。

宋景德观音像，披上青白釉长巾，高 25.6 厘米。上海博物馆藏。

13 世纪末，蒙古人入侵中土，由于优质瓷石来源减少，景德镇的青白瓷生产遇到技术问题，取而代之的是一种叫卵白釉瓷的新型白瓷。它的瓷体较重，釉色不通透并较暗哑。卵白釉瓷用高岭土和瓷石混合制成，增加了强度和可塑性，窑烧温度较高，产生了更坚硬的真正瓷器。卵白瓷原先在宫里流行，往往刻有召令制造的款识，后来大量生产并外销。蒙古人定鼎中原，建立元朝，对陶瓷器的鉴赏品味与中国人不同，但深知有必要继续支持制瓷业和维持瓷器外销，以期为国家带来大量收入。在亚洲和中东各地都发现青白瓷和卵白瓷，说明它们的传播很广。

自 3 世纪以来，陶瓷偶有以铁、铜或钴为底釉，尤其是在唐代的长沙和宋代的磁州，但在 14 世纪初，在素白瓷器的透明釉下施以华美而精细的蓝色图案，是一种新的令人惊喜的成就。青花瓷的出现基于几种因素：景德镇陶瓷技术的新发展，皇室对陶瓷业的支持，以及蒙古帝国疆域辽阔，亚洲至中东的市场的打通。中国陶工使用的优质钴颜料可以轻易从波斯或国内获得，因此符合中东市场所需风格的瓷器很快便风行一时。

14 世纪，景德镇青花瓷的发展和销售蒸蒸日上，青白瓷的生产却日渐衰落。其时，中国人仍然喜好薄体的单色瓷，如青白瓷和其他类型宋代瓷器，青花瓷大都外销。这

宋元时期景德镇的瓷器碎片。路旁窑灰堆里还能发现景德镇早期制造的瓷器。它们对于现代仿制品，如图右方那大片青花瓷极有帮助。

些青花瓷的形状往往依照中东的金属器具仿造，炫目的图案令青花瓷更为美观。不过也有些新瓷器是为国内市场制造的。到 14 世纪中叶，青花瓷工艺高度发展，伦敦大维德基金会（Percival David Foundation）的著名收藏品——一对长身瓶便是明证。正如瓶上的款识所言，它们是 1351 年为景德镇附近一座寺院而制。瓶上的标准装饰，在许多早期外销瓷上都能看到：通身饰以缠枝纹和花瓣纹，颈部围长条叶纹，底部有围饰，云和龙、凤纹则散布瓶身。

1368 年元亡明兴，瓷器恢复强烈的中国审美特色。蒙古人喜欢的华丽复杂的图案变得简约，绘画更精细，形状和图案装饰配合得天衣无缝。由世纪初宣德年间的厚朴雄浑，到世纪末成化年间的典雅精致，莫不反映 15 世纪中国宫廷的审美品味，以及御用瓷品质和造型设计达到的高峰，下开另一世纪的新市场和趋向。

缠枝纹的起源

细察一下大维德基金会收藏的瓷瓶以及其他各色瓷器上常见和瞩目的缠枝纹饰，是颇为有趣的。它们源自何处？如何发展为中国装饰艺术的主流？这些图案走过的奇异道路，其实遍及半个地球。

马其顿王亚历山大大帝于公元前 323 年停止远征亚洲

宣德年间（1426～1435年）景德镇瓷碗，直径22厘米。明代青花瓷风靡国内外。西式缠枝纹图案成为中国瓷器的流行装饰。西雅图艺术博物馆，Eugene Fuller Memorial藏品，49.154。

时，已经战绩显赫，占领了从希腊到埃及、土耳其、中亚和印度的大片土地。虽然由于规模太大，帝国维持的时间不长，却促进了东西方思想和贸易的交流。西方学者发现了东方的数学和天文学知识，东方人则受到希腊思想和造型风格的影响，其中就有各种类型的艺术图案的影响。

第1和第2世纪犍陀罗（在今阿富汗和巴基斯坦）的佛陀雕像，便是艺术互为影响的明显例子。这些雕像把佛教的冥想和传统造型与西方形体特征如鬈曲头发和罗马式长袍等结合，但建筑物、纺织品和瓷器上那些装饰性极强的图案的影响源头还不十分明确。

缠枝纹是中国瓷器上最常见的植物图案，其前身就是希腊和罗马的玫瑰饰、棕榈饰和藤蔓饰，这些装饰最后可见于公元前13～9年罗马的“和平祭坛”。随着贸易拓展，这些图案以不同形态传遍中亚，3世纪时中国新疆楼兰建

北京紫禁城台阶上的缠枝纹与瓷碗上的缠枝图案都源自罗马。紫禁城建于15世纪，此后不断扩大重建，及于多次大火后修复。

罗马和平祭坛上的缠枝纹，公元前13～9年。罗马的玫瑰饰和藤枝饰由丝绸之路上的旅游者、征服者和朝圣者传遍亚洲。

北魏（386～535年）石碑侧面的装饰图案。缠枝纹饰传到中亚，辗转传入中国山西大同附近的佛教圣地云冈石窟。绘有优美缠枝纹的佛教石刻反映当时中国的外族统治者笃信同样由外国传入的宗教。圣路易斯艺术博物馆藏。

页127所示的中国外销瓷盘以缠枝纹作为边饰。

筑物的木梁上，也刻有这样的图案以作装饰。

佛教从印度和中亚传向中国时，随之而来的装饰图案已经吸收了西方的影响，这些图案对中国而言像佛教一样陌生。信奉初期佛教的中国统治者也是外族人，他们在中国北方建立北魏（386～535年），并奉佛教为国教。国都附近云冈石窟的雕像便用了缠枝纹和棕叶饰，这种图案组合后来不仅改变了佛教艺术，而且根本改变了中国的装饰艺术。唐代甘肃的敦煌壁画和炳灵寺石窟，也见有各色源于西方，既取法自然又经过艺术加工的缠枝植物图案。

唐代的金银餐饮用器，风格本就取法自遥远的西方，往往也有精致的缠枝纹；纺织品也用上了这种典雅的图案。随着图案的中国化，西方的玫瑰和棕榈叶饰逐渐衍变成地道的莲花和牡丹，其枝叶交缠形成起伏变化的纹饰。这些花卉和藤蔓交缠的图案开始出现在各种中国瓷器上，与其他花草一起，成为元明两代华丽的外销青花瓷的首选纹样。

2

造型

帆船

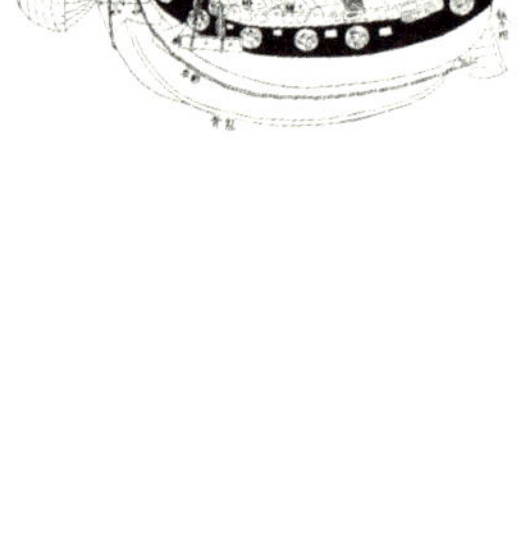

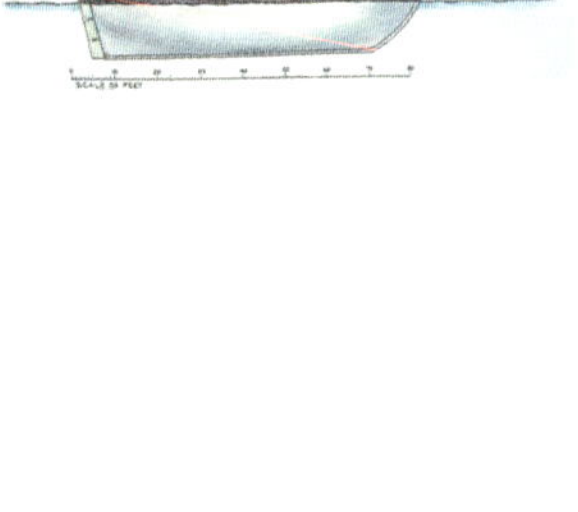

中国的贸易

早期贸易中，光彩照人、来历神秘的丝绸，是最为人渴求的中国商品。丝绸通过丝绸之路传至中亚，于公元前1世纪赢得罗马帝国的青睐。世代以来，商品和思想往返交流，络绎于途的是阿拉伯和犹太商人、礼佛者和当地的中介人，中国商人倒很少走丝绸之路。外国人渴求中国的精美丝绸、茶叶和真漆，中国则需要自己没有的奢侈品，如香料、玻璃、珊瑚和象牙。高温烧制的釉彩陶瓷在公元前1世纪已出现，但并不是贸易的主角，直至公元600年，即约唐代建立（618年）前后发明了瓷器，情况才有所改观。

随着7世纪唐疆域横跨亚洲，陆路贸易繁荣频繁，海上贸易也开始随着远洋船的建造和航海技术的改进而有了长足发展。这个时期，中国人依然倚赖从华南到波斯湾巴士拉之间来回奔波的阿拉伯和波斯商人转运货物，印度人和东南亚人也走水路。中国东南部的港口城市成为世界经济中心，海上贸易频繁。

大量中国商品从丝绸之路和穿过印度洋、波斯湾和红海的海路传入中东。在伊拉克的萨马拉和伊朗的内沙布林等9世纪王朝首都的遗址，挖掘出中国最早出口的瓷器——唐代白瓷的碎片；在埃及的伏斯泰特（即旧开罗，当时是接收由红海港口循陆路运来的陶瓷的商业中心）也发现了大量中国陶瓷碎片；伏斯泰特出土的文物中，许多是唐代和明代期间出口的各种中国陶瓷。

唐王朝在9世纪瓦解，由于局势混乱，丝绸之路行旅

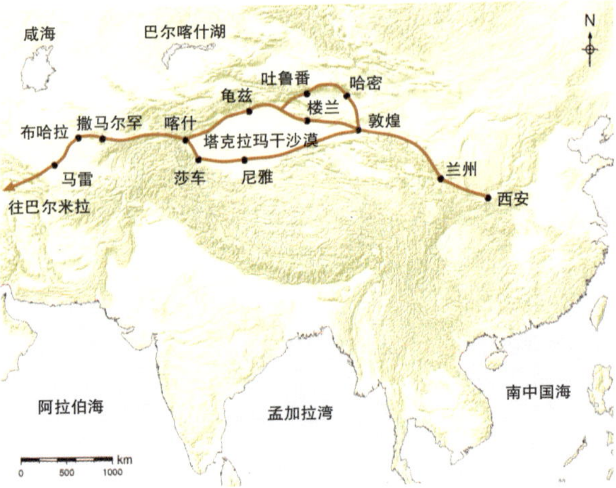

丝绸之路上的重要城市。

丝绸之路北段吐鲁番附近贝兹里克山上的骆驼。丝绸之路上的商队面临重重困难，如缺水、沙暴，以及迷路。

不便，海路日显重要。至宋代复归一统，主要产于中国福建、广东、江西和浙江等东南省份的陶瓷出口量大增。指南针的使用，水密舱、尾舵和软索具的发明，使远洋船更巨大，更安全，更易操纵。以南北和东西平行等距绘画的中国地图，也是世界最精确的。

在宋代，丝绸之路又活跃起来，直至1127年中国北方被女真（满清的祖先）占领、朝廷南迁建都杭州，才复归沉寂。这时贸易收入成为不可或缺的经济来源，朝廷鼓励加强瓷器、丝绸和真漆的海上交易，以带来可观的经济收益。

元灭宋后，蒙古人利用宋朝的海上力量继续入侵亚洲其他地区。忽必烈于1271年建立元朝，把首都从蒙古迁到北京。蒙古帝国控制了贸易线路，使许多欧洲人得以到达中国皇廷。在蒙古人短暂的统治期间，几名意大利天主教传教士以及威尼斯波罗家族三名成员来到中国，其中马可·波罗在东南亚和中国游历了二十多年，是蒙古朝廷信赖的顾问。他回国后凭记忆写下在中国的见闻，使经济和科技落后的欧洲大吃一惊，因此“马可·波罗”成了“不可思议”的代名词。但他的书中有不少可疑的矛盾描述，使学者们认为书中内容不是完全真实的旅行故事。

元朝统治者认识到海外贸易为国家带来的好处，制订了多种支持贸易的政策。中国与阿拉伯的贸易受到大力推动，陆上贸易路线从巴格达直抵北京，海路从波斯湾到邻近茶叶和瓷器产地福建的泉州。当时中国文明比较先进，有不少物品可供应世界，瓷器只是许多出口商品中的一种，其他还有艺术品、火药、货币、牌戏、印刷品和布匹等。

如前所述，唐代之后中国陶瓷就在中东出现，但到元朝时，波斯来的钴颜料为素白瓷器增添了令人惊艳的蓝色图案，导致瓷器大量出口。双方都得到了好处：中东陶工缺乏制作精致瓷器的原料，而中国则缺少制作夺目蓝色图案的优质钴。有了波斯的钴，景德镇陶工就能专门生产中东穆斯林市场所需的瓷器，让瓷器的造型和图案充分反映穆斯林的风俗和情感。例如，仿效穆斯林社群聚餐时使用的金属大餐盘而制作的大型厚重瓷盘，这类瓷器在长途运输期间也不容易破碎。这些坚固的大型盘子使用模子批量

有盖瓷罐，1690～1710年，高28厘米。明显仿自有圆盖和两个把手的金属原型，专门为伊斯兰市场制作。圆拱上复杂的花饰类似运往中东的元朝餐盘上的图案。私人收藏。

生产，绘有穆斯林喜欢的复杂几何和花卉图案。

元明期间，中国瓷器，尤其是流行的青花瓷大量出口。从土耳其各苏丹在伊斯坦布尔托普卡皮皇宫的大量收藏，可以看出中国与中东的贸易状况。苏丹嗜好收藏这类精致瓷器，许多瓷器是随着奥斯曼帝国的扩张，从整个中东的私人宅第抢夺过来的。收藏品有一万多件，从元到清的都有，最早的收藏品可追溯到1495年。当中有前面提到的大餐盘，还有正式宴会和礼仪上使用的各种碗和壶。这些瓷器的形状和大小，跟中国出口亚洲其他地区通常较小的私人用的罐、瓶和碗完全不同。

中国与东南亚的海上贸易，遵循一种古老的对外关系形式，即所谓的朝贡制度。在这个制度下，中国接受亚洲臣服国的朝贡，并赐赠以同等价值或超值的皇室礼品，包括瓷器。事实上这是一种政府间的官方贸易，但同时也包括国外使团成员与中国商人之间的民间贸易。因此，朝贡制度既涵盖对外贸易，也涉及外交。

《瑞应麒麟图》，原画作于明代，此为清摹本。郑和下西洋期间，臣属国及其他国家遣使朝贡。画中以长颈鹿为中国神话中寓意吉祥的麒麟。北京中国历史博物馆藏。

明代时，朝廷在1405～1433年间发起了七次远航，对外关系达到巅峰。由太监郑和率领的远航，使中国的声威至少传播到波斯湾和非洲东岸。中国的船队显示，这是一个可以把大量军队和商品送到任何一个港口的海上力量。1433年后，远航中止，为了配合对外政策重点的转移，明廷毅然从海上撤退。1419年明首都从南京迁到北京，标志明廷对北方蒙古威胁的关注，更甚于在南方显示实力。

然而，七下西洋激起的亚洲民间贸易日趋蓬勃，中国商人的庞大船队穿梭在一度由阿拉伯商人主宰的航线上。但由于中国朝廷的政策转向闭关自守，从15世纪中叶到18世纪，对外商业活动一忽儿停滞，一忽儿又活跃起来，民间海外贸易有些时候非法，有些时候合法。在禁止海外贸易期间，商船只好通过走私进行非法贸易，沿海治安很不平静。1500年刚过，西方商业利益集团便在官方支持

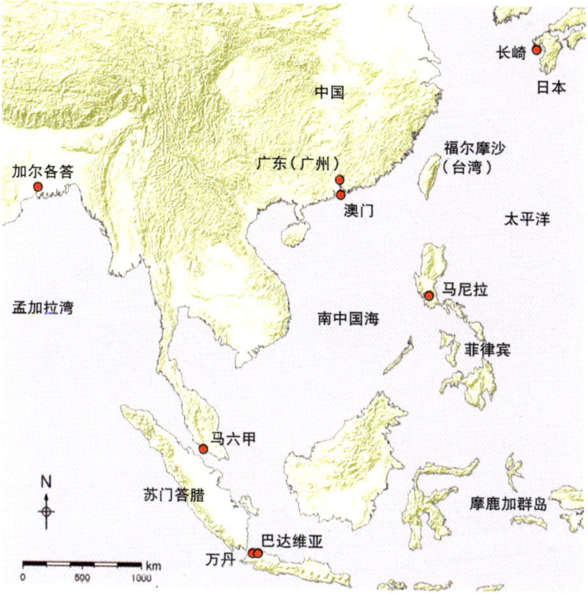

亚洲海上贸易城市图。

下挟着武装而来，最先是葡萄牙人，紧随而至的是西班牙人、荷兰人和英国人。

寻找通往亚洲之路

自从丝绸风靡罗马以后，欧洲人就知道有一个神秘的远东存在。除了通过陆上的丝绸之路间接接触外，亚历山大的显赫战功到中世纪仍余响不绝。11 到 13 世纪，十字军东征，矢志从穆斯林手里夺回圣地，也增加了人们对外面世界的了解，知道天外有天。十字军接触到其他国家和文化，燃起人们对远方的好奇。肩负各种宗教、外交和商业使命的人的记述，如13世纪的圣芳济会教士罗伯鲁克和马可·波罗的游记，也引起广泛注意。对远东舶来品尤其是香料的渴求，也促使人们想方设法在交易中免受中介人剥削。

葡萄牙人在15世纪初就开始沿非洲西岸向南航行，寻找通往东方的路线，正好与怀着同一目标的西班牙人较量。1492年，获西班牙支持的哥伦布从海上归国，自以为找到了一条向西到达亚洲的航道，两国的版图和贸易之争更趋激烈。在教皇亚历山大六世调停下，这两个天主教君主国于1494年协定，把世界一分为二：西班牙可以得到新大陆，葡萄牙则可以得到非洲、印度和巴西东部（从那里可以乘东南信风之便航行至非洲南端）。经过多次讨价还

发现世界之旅：探险家和商人的路线。

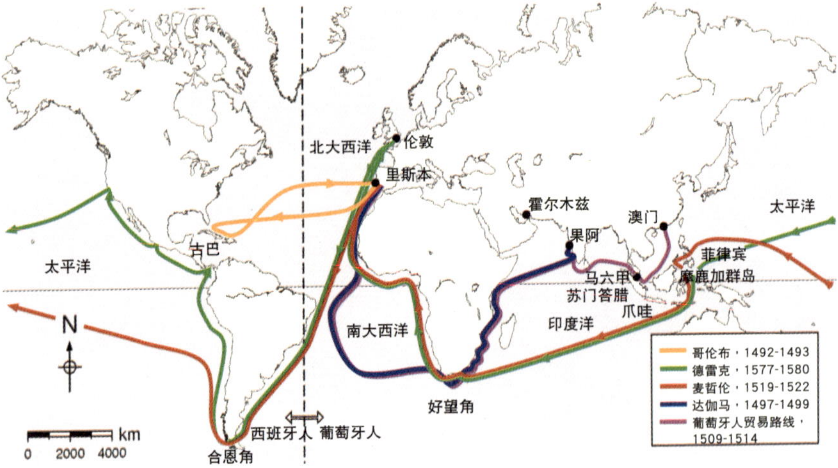

葡萄牙人于1511年在马六甲兴建的圣地牙哥古堡，至今仍在提醒人们葡萄牙是第一个从海路闯进东方的国家，但也曾败于荷兰人。荷兰于1641年占领马六甲，堡垒受破坏。

价，西班牙的势力范围又加上菲律宾，因为马尼拉已成为亚洲帆船贸易的中心。在两国探索世界的过程中，传教的热情虽然一开始起了作用，但不久商业因素便占了主导。

葡萄牙人开始沿非洲海岸建立多个有武装防御的贸易口岸，并于1498年绕过好望角。到1507年，他们占据了位处波斯湾入口的霍尔木兹岛（但到1515年才完全控制），又于1510年占据印度西海岸的果阿，以及于1511年在马来半岛西部的马六甲建立主要的贸易中心，其时已距中国南方港口不远，并于1517年踏足中国。约四十年后，他们说服中国人让他们在澳门建立贸易据点。由于葡萄牙人本身没有符合亚洲需求的商品，他们便与长期以来占主导地位的印度人和阿拉伯人合作，在亚洲各国间进行贸易，买卖不同商品，直至积聚了大量货物后才运返欧洲销售。葡葡萄牙在澳门的遗迹圣多明各斯教堂。19世纪末。

萄牙借此在16世纪开始主宰贸易路线，成为一个财富和势力均足以令人目炫的帝国。

其他国家当然不会坐视葡萄牙垄断所有贸易财富。为了寻找一条通往东方的西向贸易之路，西班牙于1520年资助麦哲伦出海，向西出发并最终环绕地球一周。麦哲伦取道南美洲南端驶向亚洲，但西班牙后来的贸易路线主要是往返于太平洋和西属墨西哥之间，然后由加勒比海返回西班牙。这使西班牙在开发新大陆上得占先机，并宣称拥有这片新土地。在五十年间，西班牙控制并把加勒比群岛、墨西哥、大部分中美洲和颇可观的南美土地纳入其殖民版图。到1560年代，菲律宾和摩鹿加群岛也成为西班牙的贸易中心。

1580年，西班牙吞并葡萄牙及其海外领地，利益不菲的葡萄牙与亚洲贸易得以延续。但到16世纪，西班牙因尾大不掉，无法有效和长期控制大片亚洲属地，国势日渐衰落。1588年西班牙无敌舰队被英国击败，标志西班牙和葡萄牙在新大陆和亚洲的贸易垄断地位开始动摇。英国和荷兰乘人之危，开始绕道好望角，试图建立自己的直通航道，打破葡萄牙对亚洲贸易的垄断。把世界一分为二，西班牙和葡萄牙各占一半的局面，既由于经济原因，暗地里也出于新教对天主教号令天下的抗衡，受到了挑战。

荷兰和英国的民间商人见机不可失，全力投入开拓商机，而且一有机会就劫掠葡萄牙商船。荷兰人因为在里斯本充当葡萄牙人的贸易中介，本来就累积了丰富的经验和营商知识，加上强大的海上力量作为后盾，控制了香料生产区域，一跃而为17世纪亚洲贸易的主导力量。

17世纪初，葡萄牙帆船在马六甲海峡受荷兰舰队夹击。

商船

郑和领导的宝船船队规模空前庞大。例如，1405～1407年第一次下西洋，由317艘船组成，动员约28 000人。对当时船只的类型和大小迄无定论，但普遍认为，1962年在南京明代造船厂附近发现的承舵柱是来自郑和的一条船上。从这根承舵柱推测，船的长度肯定超过150米，重约1 500吨。这种体积比同时期葡萄牙沿非洲西海岸首度探索远航时使用的卡拉维尔大帆船大五倍左右。中国巨大的帆船有分离的防水壁，使船体更加牢固；有可以用绞盘绞起的尾舵，以便在浅水航行；有用竹条加固的斜桁四角帆。马可·波罗在13世纪说他看到四桅船，更有些资料说郑和最大的船有九桅。相比较下，葡萄牙的帆船有一个巨大的三角帆系在横杆上，横杆以一定的角度挂在主桅上，其尾

中国远洋船。18世纪木版画。

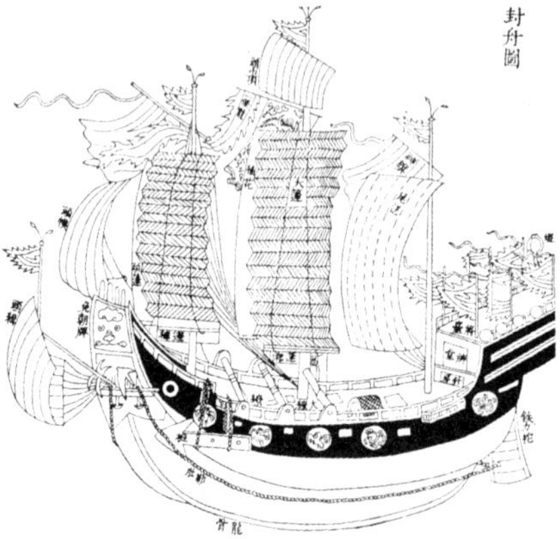

舵不能升起。其后，武装商船成为15和16世纪与中国通商的欧洲商人的常用船只。它的船尾和船首高高翘起，有一个巨大的主帆起稳定作用，并配有大炮，以备商船变成战船时作攻击或防卫之用。

葡萄牙和西班牙人在15～17世纪通商用的三桅大帆船，有不止一个甲板，机动性更强。这类船通常在菲律宾建造，是西班牙人能制造的最大型帆船，可重达2 000吨，承载1 000人。像武装商船一样，大帆船也配有大炮，但如果货物极其贵重的话，通常有船护航。

英国、荷兰、法国、瑞典等国则使用东印度公司商船作对华贸易的工具。它们是那时代最大的商船之一，配有重炮，如有必要也可作为战船使用。为此，它们的上层结构一般是水线部分比上甲板宽，使船只更加稳定。它们比一般货船快，像武装商船和大帆船一样，客货两运。

美国投入对华贸易时，注重船的速度大于体积，这使他们能航行得比别国的商船快，也更容易摆脱海盗。1784年进入广州的第一首美国船“中国皇后”号（*Empress of China*）只有65英尺长，25英尺宽，能容纳的货物、补给、压舱物和起居空间有限。到1840年代，美国制造出快速帆船，速度更快，一天能行驶500公里。它的帆区特别大，流线型、尖头，但体积并不小，最大的快速帆船“伟大的共和国”号

以1745年在哥德堡港沉没的瑞典对华贸易船作蓝本仿制的“哥德堡”号（*Götheborg*），在2006年7月的处女航中驶入珠江三角洲。

(*Great Republic*)排水量达 4 550 吨。不过，快速帆船风光的日子不长，到 1860 年代，欧洲制造的蒸汽船开始主导航海业。

马尼拉帆船贸易与新大陆

1545 年左右，普多西（在今玻利维亚）和墨西哥发现蕴藏量庞大的银矿，使西班牙的新殖民地成为宝藏，终于为马尼拉对亚洲的帆船贸易筹措了资金。马尼拉和阿卡普尔科（墨西哥南部港口）之间的帆船通航已有约 250 年历史，商人把中国的瓷器、香料、丝绸、翡翠和其他奢侈品运到墨西哥，交换新大陆的银。从墨西哥往西航行的帆船装满银矿石，这矿产在世界各地都有庞大需求，尤其是在中国。向东行驶的帆船越过北太平洋到达北美海岸，然后

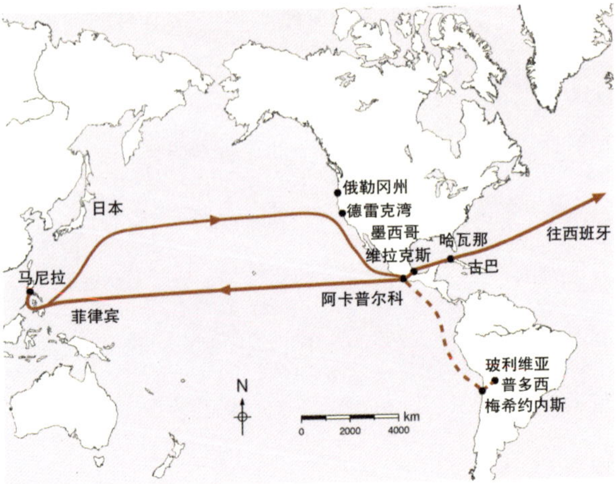

横越太平洋的帆船航线图。

向南航至阿卡普尔科，卸下运来的奢侈品，以供运往西班牙各殖民地，满足当地对西班牙不能生产的精美商品的需求，或者利用骡队，穿越墨西哥运往加勒比海港口维拉克斯，再装船途经古巴的哈瓦那等港口驶往西班牙。于是，大量矿银流入亚洲（估计约占美洲矿银的三分之一），以致墨西哥银币成了亚洲港口的交换货币。但西班牙船上的巨大财宝使它们屡遭私掠船袭击，这些民间武装商船在所属政府的默许下参与抢劫，尤其是英国人和荷兰人，经常袭击西班牙船只，抢夺银条。

远在1521年麦哲伦登陆菲律宾前，菲律宾就是著名的亚洲贸易中心。后来西班牙占领菲律宾群岛，并按菲腊二世命名，成为西班牙在亚洲的主要贸易中心。马尼拉是对华贸易的天然中转港，是西班牙占领菲律宾的原因之一，中国船只轻而易举就能把货物运抵这里，使之成为中国与新大陆之间的驿站。

西班牙船只可以从菲律宾向北航行到约北纬40度，若时机巧合，就能利用西向信风和水流，抵达加利福尼亚海岸。从那里南向驶往阿卡普尔科，虽然也有风险，但还是稳当得多。这段航程可能需要四到七个月，或者更长，患病和遭劫会使船上人数大幅减少。1542年探险家卡布雷罗（Cabrillo）沿北美西海岸向北航行，获得了关于信风、美国俄勒冈州内哈勒姆附近北部海岸，发现载有蜂蜡和瓷器碎片等帆船货物。

水流和地标的大量知识，使这条贸易线路的航行更安全。不过风暴和水流有时也会迫使西班牙船只在陌生危险的地带靠岸，最北可能到达现在的俄勒冈州。

1565年，自马尼拉帆船第一次抵达阿卡普尔科后不到十年，中国瓷器开始大量运往墨西哥，不仅有景德镇的青花瓷，还有福建德化的白瓷。大部分瓷器留在新大陆，只是品质精粗不一，比在欧洲可供更广泛阶层的人使用。有些瓷器进入墨西哥城东南部的传统陶器制造城柏布拉，对那里的陶器制造产生很大影响。中国瓷器中有不少仿照柏布拉传统陶器的样式，说明虽然中国瓷器的知识流传甚广，但还没有太多人懂得制造的方法。

一开始，各港口每年至少有三艘船出航，进行这类有利可图的贸易，但西班牙国内的制造商和商人抱怨，远东来的丝绸等精美商品抢了他们的饭碗，于是在 1593 年通过一条法例，限制出海船只的数量和规模，每年只容许最多两艘，通常是一艘船只进行这长途而危险的航行，而横跨加勒比海和大西洋运载新大陆和亚洲货物往西班牙的，只能是小型船队，这样就要冒被致命飓风袭击的危险。从 1565 ～ 1815 年这一百五十年间，在不同贸易航线上，西班牙就损失了四十多艘大帆船。

西班牙最终遇到了与葡萄牙同样的问题：在一个通讯尚未发达的时代，难以管理一个横跨半个地球的帝国。这不仅有来自英国人和荷兰人的竞争，还有 19 世纪初墨西哥和西班牙南美殖民地的独立运动，种种因素迫使帆船贸易在 1815 年结束。但菲律宾仍然是西班牙的一个行省，直到 1898 年美西战争结束时才划归美国。

沉船

全球的海底到处可见沉船，其中至少有 40 艘是西班牙对华贸易的帆船。失事原因包括遇上风暴、触礁或受水底异物破坏、遭其他商船或海盗袭击，以及无知或疏忽等。

除了保存下来的货单等资料外，测定船只失事日期的最有效方法之一，是对船上的中国瓷器进行鉴定，因为瓷器不管完整与否，一般都能保存下来。反过来，如果帆船失事的日期有明确记录，也有助于艺术史家更精确地测定中国瓷器的制造时期。

在帆船利用北纬信风和水流从马尼拉回到北美之前，先要经过一片暗礁和群岛才能到达北马利安纳群岛。许多帆船就在这一带失事，最著名的一次是1638年驶往阿卡普尔科的西班牙 Nuestra Senora de la Concepcion 号在塞班岛附近沉没。船上大量丝绸、香料、黄金珠宝和瓷器中，只有珠宝能完整保存下来。不远处，在关岛附近，另一艘帆船 Nuestra Senora del Pilar 号于1690年在往马尼拉途中失事，如今还在250英尺深的海底下，有待打捞。早期贸易船登记的货物，往往不表示实际装载的货物，因为走私品有时候比登记货物还多，所以打捞沉船时能发现什么，就很难说得准了。

张满帆的西班牙帆船。蕾丝角 (Point Reyes National Park) 国家公园档案，德雷克航海家协会藏。

在16世纪，北美西岸还是一片未知土地。当西班牙帆船横渡太平洋到达这里时，由于上述种种原因，加上在海岸附近找不到能补给食物和水的安全区域，帆船很容易失事。一些船就是在加利福尼亚海岸的卡特琳娜岛附近沉没的，对海员来说，这无疑是个危险地带。

“圣奥古斯丁”（*San Agustin*）号虽有旧金山市附近一个海湾保护，但还是在1595年的一次风暴中遇难。这个海湾以英国船长法兰西斯·德雷克（Francis Drake）的名字命名，叫德雷克湾，1579年德雷克的船在那里驻锚了几个月。他在1577年开始出航，驶过南美南端的霍恩岛，在沿太平洋海岸向北航行时，顺带劫掠西班牙船只。德雷克究竟向北走到多远，在哪里停泊，目前尚有争论，但这个海湾在17世纪初的一份英国地图上已经这样命名了。

德雷克湾如今属莱斯岬国家海岸公园管辖区，“圣奥古斯丁”号在这一带的确切行踪尚待研究。这里发现了数百枚中国瓷器碎片，有人猜测这些瓷器不仅来自“圣奥古斯丁”号，也许有的是德雷克来这里时留下的。德雷克航海的早期记录中，的确提到从西班牙船上抢来四箱中国瓷器，但把瓷器这类梦寐以求而且价值不菲的商品留给当地土著，似乎有点不可思议。不过，德雷克的“金鹿”号（*Golden Hind*）很小，很可能需要装满储备才能应付横越太平洋的长途航行，所以决定不带瓷器上路。

印第安人箭头、中国瓷、青花瓷改装的箭头，17世纪，长2.1厘米。在美国西海岸许多地方都发现中国瓷器碎片，很可能来自遇险沉船。瓷片箭头是在内哈勒姆－迪拉莫克印第安区的房舍考古遗址发现，当地印第安人可能对这种奇怪的物料很着迷，便把瓷器削薄制成箭头。俄勒冈州迪拉莫克开拓者博物馆（Tillamook Pioneer Museum）藏。

由于许多沿这条海岸线航行的帆船都装载中国的青花瓷，所以瓷器碎片出现在不同地点不足为怪。帆船也不一定是在发现瓷器的地方遇险的，因为沿岸印第安人聚居处的贸易很活跃。

俄勒冈北部沿海发现了大量蜂蜡（也是从亚洲运来的常见商品）和中国瓷器碎片，也许1707年“旧金山市赛维尔”（*San Francisco Xavier*）号帆船在寻找抛锚地时在附近失事。19世纪搜集的美洲土著民间传说，提到史前时期的沉船，以及混进土著社会中的幸存欧洲人。但最可注意的是，在这一带的内瀚勒姆—迪拉莫克印第安社区的考古发掘中，发现了用中国青花瓷改装的印第安人箭头。

在加勒比海的西班牙贸易航道中，每年至少有一支由不同船只组成的小船队离开西班牙，到达加勒比海时分为二队。一队驶向维拉克斯做买卖，并装上亚洲来的货物；另一队向南往南美西班牙属港口，用制成品交换新大陆的产品：银、金、烟草、巧克力、宝石、糖，以及其他土产。两队小船队在哈瓦那会合，补充给养，再由武装帆船护送返回西班牙。船队向北行驶，靠近现在的佛罗里达，在那里利用湾流横渡大西洋。船队在这个区域曾分别在1622、1715和1733年三次给飓风摧毁，经济损失足以削弱西班牙帝国实力。

西班牙在船队失事后虽尽速进行打捞货物的艰巨工作，但不可能一件不漏捞回。在整个墨西哥湾和加勒比海的十几次沉船意外中，现代打捞人员只能寻获几艘失事船只。当中最出名的是 Nuestra Senora de Atocha 号，那是 1622 年船队中装满宝物的帆船，载有价值二百多万比索的新大陆金银锭和其他贵重物品。寻宝传奇人物梅尔·费舍（Mel Fisher）经过十三年的打捞，于 1970 年代初发现了沉船残骸，打捞出价值六千多万美元的物品。

值得注意的是，Atocha 号和其他在哈瓦那至西班牙航道上的失事船只，并不像其他地方的沉船那样载有大量中国瓷器。这些船只载货单上开列的，通常是新大陆的珠宝，如金和银。再加上西班牙陶瓷业不像墨西哥那样受中国瓷器重大影响的事实，可以推测许多从菲律宾运来的中国瓷器是在新大陆市场销售的。

东印度公司

英国和荷兰的一些民间组织预期市场大有发展，便成立了两家专门从事亚洲贸易的公司。这是一种新的贸易取向，因为东印度公司不像西班牙和葡萄牙的航海贸易那样受到皇室支持，而是把风险分摊给众多股东，他们都认为

绘有东印度公司纹章的有盖汤盆，1805 年，宽 28.5 厘米。由于东印度公司垄断亚洲贸易，引起其他公司不满，其中一家公司于 1698 年获国会批准与其合并。1709 年，新东印度公司使用新的纹章，这个绘上新纹章的汤盆是公司在亚洲所用的套装餐具之一。新古典主义饰边反映了英格兰口味的变化，以及陶匠约西亚·韦奇伍德 (Josiah Wedgwood) 图案设计的影响。温特图尔博物馆 (Winterthur Museum) 藏，Charles K. Davis 赠，56.46.114。

这门生意有利可图而乐于投资。英国和荷兰的公司利用葡萄牙贸易帝国衰落而产生的缺口，互争长短，后来丹麦公司（成立于 1616 年）、法国公司（成立于 1664 年）和瑞典公司（成立于 1731 年）也加入竞争。

东印度公司于 1600 年在英国成立，获女王伊莉莎白一世特许为“伦敦商人东印度贸易公司”。特许状批准这家公司垄断所有东方贸易，是以人们时或称之为“尊贵的公司”。专利为期十五年，后来改为没有期限。第一批投入亚洲的资金获利甚丰，公司不再采用赞助人认购某次航程的方式，转而出售公司整体业务的股份，大大降低了投资者的风险。股份根据当前市价买卖，使公司可以用售股所得营运和发展，然后分红给投资者。公司从 1600 ～ 1833 年间每年从伦敦出航的次数不一，但合计超过 4 600 航次。

东印度公司加入当时范围最广，盈利最厚的“香料竞赛”，首批船只驶向爪哇西部的万丹港，在那里的大市场装运胡椒。像其他东印度公司一样，英国人在贸易中除了银外，没有其他货物可作交易。

胡椒是中国、葡萄牙和荷兰商人在爪哇和苏门答腊努力搜求的物品。据威廉·马斯登 (William Marsden)《苏门答腊史》，1738 年。

英国公司尝试在中国建立据点，发现广州这华南大港的交易利润丰厚。英国公司在那里购买茶叶、丝绸和瓷器。在 18 世纪末，茶叶是利润最高的商品，占公司贸易 60% 左右。与向欧洲进口精美瓷器的荷兰人不同，英国人购买了大量利润相对菲薄但实用的套装餐具和茶具，因为在 17 世纪末，精致的茶具在英国风靡一时。公司有一项政策，允许船长、押运员和其他办事员乃至水手可以进行一定数量的私人买卖，赚取个人利润，他们一般搜寻精致的瓷器，尤其是指定式样的款式。

1602 年，由许多相互竞争的民间贸易公司组成的，荷兰联合东印度公司在阿姆斯特丹成立，公司成立后足以与葡萄牙和西班牙的亚洲贸易垄断地位抗衡。荷兰东印度公司主要是一支庞大的武装掠夺性船队，部分收入上缴国家，以换取行使政府职能的权利：发动战争、缔结条约和管理贸易。与其他贸易公司相比，荷兰东印度公司拥有更荷兰联合东印度公司的瓷盘，日本江户时期(1660～1680年)制品，直径38.9厘米。荷兰公司按市场需求买卖中国和日本瓷器。这个印上荷兰东印度公司纹章的日本瓷器，可能是公司在巴达维亚和荷兰的专用瓷具。其图案使人想起那个世纪初流行的克拉克瓷。西雅图艺术博物馆藏。Floyd A. Naramore 采购基金赠品，75.58。

大的权力，更多的资金，更多的船和人员，由于有武力支援，因此很快主导了亚洲贸易。这种方式能保证利润丰厚、风险极小，荷兰投资者都十分赞成。

荷兰人通过海上激战削弱了葡萄牙人的力量，把他们赶出有香料岛之称的班达和摩鹿加群岛，成功掌控香料的供应，确保其他公司难以染指。为了在中日贸易中与葡萄牙人较量，他们在日本南部的平户定居。荷兰的商业帝国宏图，还包括在爪哇岛上建立巴达维亚城，以此作为指挥东南亚和印度贸易的总部，还在台湾(台湾在历史上就属于中国)设立堡垒，充当对华贸易的集散地和中日贸易的中途站。

在17世纪，中国的帆船把各种瓷器带到巴达维亚，荷兰民间商人在此购买瓷器，运返国内。荷兰东印度公司的船员和旅客往往因利乘便，自行贩运瓷器。1613年荷兰“白狮”（*Witte Leeuw*）号沉没，船上装运的既有精品也有粗糙的克拉克瓷器，从打捞出来的瓷器可见，其中很少列入正式运货单。

乔克（C. J. A. Jorg）在《荷兰市场上的瓷器》一文引录了东印度公司1694年发给巴达维亚一项指令中的决议：“走私者带来之大量货物使价格大幅下滑，也占据船上太多空间。阁下也曾表示汝等无法获得珍稀商品，而没有此等商品，利润将微乎其微。”由于经济和政治原因，抑制私

雅加达附近万丹遗址。离雅加达西面不远的亚洲万丹港，过去曾是欧洲商人的庞大亚洲商品交易市场，现已面目全非。

停靠在巴达维亚的单桅三角帆船及贸易船。据萧腾(W. Schouten)《东印度航行》，阿姆斯特丹，1676年。

人贸易的措施从未强制执行，乔克列出了一些数字，说明私人贸易的重要：每年运抵巴达维亚的200万件商品中，有120万件就地交易，其余由荷兰东印度公司和私人集团均分。到17世纪末，荷兰东印度公司甚至无心搜购瓷器，直至1729年在广州直接与中国贸易后才恢复瓷器运载。这时运往欧洲的货物中瓷器才相对较多，单单从1752年由中国航向荷兰途中沉没的荷兰东印度公司商船“盖尔德麻尔森”(*Geldermalsen*)号上，就打捞出24万件瓷器。

积极进取的荷兰东印度公司似乎总是抢在英国东印度公司的前面，因此两家公司纷争不绝，而且往往争个头崩额裂。可是，到17世纪接近尾声，建立堡垒、供养驻军以保护贸易垄断的花费，吞掉了大量利润，荷兰东印度公司发现自己跟不上日益强大的英国东印度公司。与其他东印度公司，尤其是英国东印度公司连年搏斗的开支，加上过分扩张的帝国属土政治动荡，国内日趋腐败，致使荷兰东印度公司于1798年瓦解。英国东印度公司比荷兰的多活了35年，1833年一项国会法案责令贸易向所有船运组织开放，结束了英国东印度公司对亚洲贸易的垄断。

克拉克瓷

从16～18世纪，出口到全球的中国瓷器越来越多，也越来越受欢迎。当从葡萄牙商船抢过来的货物在市场上首度亮相，众人莫不目炫于这些来自亚洲的精美商品。荷兰人在马来亚附近抢走的“圣卡特里娜”（*Santa Caterina*）号载有逾十万件中国瓷器，1604年这批货在阿姆斯特丹销售时引起轰动，从而使瓷器市场走出了皇室和贵族的圈子。

荷兰东印度公司从1604年这趟获利丰厚的销售中，很

停泊在黄埔滩的船只，油画，1795～1805年。18世纪末，从停泊在广州附近黄埔滩的船只数量显示，英国开始成为对华贸易的主要欧洲大国。画中有三艘船高挂英国国旗，也有丹麦、瑞典等其他国家的船只。这里看到的东印度公司商船是18世纪对华贸易中最常用的船。船身长约170英尺，约有百名水手。温特图尔博物馆藏，Henry Francis du Pont 赠，63.509。

大型克拉克瓷碟，1595～1610 年，直径 51.5 厘米。私人藏品。

快看到市场的潜力，因而极力加以推动。中国帆船把瓷器运到巴达维亚，在那里荷兰东印度公司搜集瓷器和其他欧洲渴求的商品，然后运往阿姆斯特丹。中国瓷器大量运抵，使欧洲瓷器市场得以平民化，满足了当地的“瓷器热”。

当时的人称这种来自中国并传遍全球的中国青花瓷为“克拉克瓷”（Kraak）。“克拉克”之名也许来自一艘从亚洲运来瓷器的葡萄牙商船，虽然到了 16 世纪末，葡萄牙和西班牙转而使用更大的帆船，但还是沿用旧称。荷兰东印度公司把运往欧洲的瓷器通称为来自“东印度”，克拉克瓷这个名称是后来采用的。现在，这名称指的是具有某些特征的中国青花瓷。

克拉克瓷的特色在其纹样和压模瓷身。这类瓷器一般很薄、精细，但易碎，边角容易破损。瓷釉光亮，足底有时黏附沙粒；环绕口边绘有蓝色分格，上面有各色花卉和几何图案。克拉克瓷的质量颇参差：蓝色笔触有时只是一抹苍白，有时是淡淡的银灰，但最动人心魄的成品，却深沉有力。有些克拉克瓷的外形可能以金属器皿为模型，蓝色辐射型分格也许源自伊斯兰图案，这种图案也影响了西班牙摩尔式（Hispano-Moresque）陶器和意大利的珐琅陶器。

另一件克拉克瓷盘上的雀鸟。私人藏品。

克拉克瓷盘的中心，通常都围绕这些具装饰作用的分格，分格之间大都用小点线或葵花茎分隔，中心绘有花卉和鸟兽，或风景。跟刻板和标准化的皇族装饰相比，克拉克瓷清新活泼，自然随意，非常吸引国内和海外顾客。最好的克拉克瓷瓷身纤薄，图案精美，比得上御用瓷器；最朴实的克拉克瓷，则仅可用作餐具而已。

研究人员一直没找到烧制克拉克瓷的瓷窑，直到1990年代才在福建平和县的瓷窑发现克拉克瓷碎片，但品质较低。在中国古陶瓷协会2004年会议上，曹建文报告，对景德镇旧城区一些瓷窑的最新挖掘显示，克拉克瓷的确是在景德镇制造的，有些瓷窑烧制的克拉克瓷品质较高，但未发现专门烧制克拉克瓷的窑场，即使在生产最优质瓷器的观音阁窑场，也没有发现。有些瓷窑中发现供国内使用和

18 世纪珐琅彩克拉克大瓷碟，直径 35 厘米。此碟在景德镇制作，但图案却类似汕头窑瓷。欧洲瓷器画工大量抄袭这种铁红色花篮图案（参看页 116 的茶具）。私人收藏。

出口的各种各样蓝色彩釉瓷片，这说明瓷器可能是在不同的工场生产，然后集中到本地瓷窑以木火烧制。

从 1643 年沉没的“哈察”（*Hatcher*）号打捞上来的克拉克瓷外形可见，克拉克瓷的制造时期在晚明万历期间（1573 ～ 1619 年），经天启（1621 ～ 1627 年）到 1644 年明亡。一些早期的绘饰碎片，可视为克拉克瓷的先驱，稍后的碎片则显示西方风格已渗进传统的设计。观音阁窑场的一些克拉克瓷碎片带有万历和天启的年号，有助确定这些产品的制造年代。

通过间接方法也能帮助确定克拉克瓷的年代，例如，从荷兰东印度公司档案对船上货品的描述，从欧洲绘画中所见的瓷器（可能是为了提高画中背景的地位），还有从沉船打捞上来的瓷器，而船只的失事日期是有明确记录的。

沉船上的瓷器

远在欧洲人来到亚洲之前，中国的瓷器已外销到亚洲各地，此后出口取决于当时的政治形势而时断时续。尽管1699年以前欧洲公司与中国没有定期的直接贸易，但在巴达维亚、中国台湾和马尼拉等转运站，仍能间接获得瓷器和其他商品。那还不是“自由贸易”，因为中国官员对通商船只控制管理得很严。但官员与强大的海盗间持久的角力，各东印度公司之间松散的关系，往往令贸易无法有效和安全进行，并且时刻受政治形势左右。在这种情况下，亚洲贸易的人为风险并不亚于风暴、触礁等自然灾害。

早期的远航，船只失事经常发生。近年一些载有瓷器的失事船只陆续被发现，并备受注目，其中的一些沉船已进行打捞。这些船只有的是由中国到欧洲的亚洲转运站航线上的中国帆船，也有绕非洲航行、由于各种原因失事的欧洲船只。每艘沉船都是一个时代的时间囊，考古学家如果有运气和耐性，就能揭示关于船只及其时代的许多信息。

遗憾的是，水下考古是一门新学科，并非所有沉船都根据公认的方法来进行发掘的，因此未能审慎和有系统地记录文物的背景及文物本身。虽然目前这种情况有所改善，但过去对沉船的挖掘一直志在寻宝，挖掘人员脑子里只有打捞财物，丢失了许多不可替代的有价值的资料。

沉船意外有时因有文字记录而能确定其位置，早期贸易国家的权力所在地都有很多这样的记录，如里斯本、西维尔、伦敦和海牙，都保存了有关与亚洲贸易的详细记录：船只、货物、航线和结果。对瓷器研究者而言，虽然具列瓷器数量和类型的清单有时写得草率混乱，但还是很有用的研究基础，而沉船上发现的瓷器虽然可能已损毁，但碎片还在，可以确定或推翻瓷器风格、出处和制造日期的既定知识。

拿载有瓷器的沉船与其他确定日期的载有瓷器沉船进行比较，有助研究图案设计的历史沿革，尤以克拉克瓷为然。随着沉船的不断发现和研究，克拉克瓷的生产年代也在不断修正。

典型克拉克风格瓷碟，中心是雀鸟纹，1643～1646年，直径28.8厘米。于沉没南中国海的中国“哈察”号上发现，确定明代末年仍有克拉克瓷出口。私人收藏。

拿从1600年在马尼拉湾失事的“圣地牙哥”（*San Diego*）号打捞上来的青花瓷，与1613年在非洲西岸圣海伦拿岛附近火拚中沉没的“白狮”号上的瓷器进行比较，可以发现克拉克瓷的纹样在17世纪初变化不大。这不难理解，因为尽管两艘船从不同的方向驶往西方市场（“圣地牙

哥”号从马尼拉到新大陆，“白狮”号从巴达维亚绕过非洲霍恩岛去欧洲），船上的瓷器都是来自中国商人，而这些商人都是在万历年间克拉克瓷生产高峰期向景德镇瓷窑取货的。

由迈克尔·哈察（Michael Hatcher）船长发现并打捞而得名的“哈察”号，约在1643～1646年间沉没于南中国海，原因不明。这艘船在中国东南港口装货后，可能在抵达巴达维亚后卸货，然后分批转销往其他亚洲市场。在船上打捞出约25 000件瓷器，其中部分可能运往荷兰，里面有些是品质较次的克拉克青花瓷，有些是优质的瓷器，其纹样显示新的方向。整体瓷器类型很多，品质不一，似乎

“哈察”号上的瓷瓶，1643～1646年，高18.5厘米。这艘载着瓷器的中国船很可能在驶往巴达维亚途中沉没，其中大部分于1984～1986年在阿姆斯特丹四个拍卖会上销售。私人收藏。

“头顿”号上的破碎瓷壶，1690～1695年。“头顿”号上货物驳杂，其中瓷器是运往荷兰或东南亚其他市场的。这艘中国船可能是前往巴达维亚途中在越南附近沉没，若抵达巴达维亚，货物将分销给各地买家。私人收藏。

说明这艘中国船运载的瓷器是为了满足品味和富裕程度不一的巴达维亚商人。

另一艘中国沉船叫“头顿”号，是1990年在越南海岸发现的。失事日期可以确定是在1690年代，似乎是因失火而沉没的。与“哈察”号不同，它运载的只有青花瓷，有些销往亚洲市场，不过许多的形状和图案都较适合欧洲客户。奇怪的是，没有开放型的款式，如适合欧洲市场的盘、碟、碗和茶托，大多数是封口型的器皿，如芥末罐、茶壶、高身杯、大口酒杯、装饰品和小型花瓶。这些瓷器不仅表明欧洲的口味在变化，而且显示中国陶匠愿意根据订单附来的图样或模型塑造新的形状。这类专为欧洲制造的瓷器，装饰与实用性并重，多半由民间商人订制，以期乘着当时瓷器的潮流，获取更大利润。

另外两艘在越南附近南中国海的沉船，为18世纪瓷器生产和贸易增加了新的知识。首先，1998年在越南金瓯省附近发现并命名为“金瓯”的一艘中国船，像“哈察”号一样装载着各种瓷器，也可能是在开往巴达维亚途中失事的。从船上打捞出的瓷器约十三万件，其中有刻有“雍正年制”（1723～1735年）款识的青花茶碗，和刻有“大清雍正年制”款识的碗。

这些款识能证实一种猜想：一个时期的纹样会延续到

这件有盖套盒长19厘米，可能来自1488～1505年的“勒纳”(Lena)号。这艘中国船约在1500年在菲律宾勒纳滩失事，于1997年被发现。船上载有大量青花瓷（类似图中式样）和青瓷，反映1511年葡萄牙人到中国前瓷器在亚洲的贸易状况。私人收藏。

茶杯，高7厘米，或来自红海“萨达纳”(*Sadana*)号沉船，1750年。精致非常的小茶杯上，还保留着制作时渗透瓷身的釉下蓝，但彩绘花叶纹则早因沙和海水侵蚀而消失。私人收藏。

下一个时期，因为船上的碗和其他瓷器的风格，过去被认为属于康熙朝(1662～1722年)。由于“金瓯”号上的发现，考古人员对同类风格瓷器的年代开始重新确认。

历史脉络比较清晰的荷兰沉船“盖尔德麻尔森”号，于1752年在新加坡以南沉没。1748年它首航亚洲，为亚洲区内的贸易服役数年，最后从广州装载了瓷器(主要是销往欧洲市场的茶具、咖啡具、套装餐具，还有青花瓷和彩釉瓷)驶往欧洲。这批货物一直被叫做“南京货”(这是18世纪中国瓷器的统称)，其中不少在1986年由克利斯蒂拍卖行拍卖。到这个时候，瓷器已经标准化，更实用，市场也扩大了。这次航程本来承运约25万件瓷器，虽然实际付运的数量没有那么多，但对于已经能自行制造真正的瓷器及仿制品的欧洲来说，这个进口数字依然是惊人的。

运载瓷器的中国和欧洲沉船的发现，将陆续有来。这些与亚洲贸易史直接相关的有形物品，对于学者来说是一种重要而有限的资源，如果不能以科学方法发掘、保存和披露的话，无疑是一大浪费。

过渡期瓷器

商人、拍卖行和艺术史家把有些中国瓷器称作“过渡期瓷器”，“过渡期”由明万历最后一年（1620 年）到清康熙二十二年（1683 年）。明亡清兴，过程至为惨烈，期间明朝经济崩溃，社会动荡，满洲人自关外挥军入关，顺治登帝位，是为清代第一个皇帝。之后动乱仍延绵不绝，对大明的征服直到 1683 年才完成，期间在东南、南部和西南地区镇压明室支持者的战争，引起福建和广东的混乱，而那里的港口正是与日本人和荷兰人进行贸易的集中地。

康熙皇帝（1662 ～ 1722 年在位），丝绸画。北京中国历史博物馆藏。

清廷全力镇压明室支持者，尤其是对付郑成功。郑成功以海上贸易的方式为抗清活动筹措资金，活动范围除台湾、福建外，还涉及日本、菲律宾。为此清政府采取了两项措施，并因而直接干扰了瓷器贸易。一项是在 1656 年禁止海上贸易，另一项是强迫沿海居民内迁。这两项措施是造成中国瓷器出口持续下降的主因。到顺治年间，中国的瓷器出口只有 1602 ～ 1644 年的 30%，在 1662 ～ 1682 年的二十年间，瓷器出口量下降到 1602 ～ 1644 年的四分之一不到。

明朝后期，皇室订制的瓷器数量极大。陶工要制造数以万计的瓷器，而制作御用瓷器的难度又极高，造成量多质次状况。但经过一个世纪与日本和欧洲的瓷器贸易，陶工已有能力制造任何市场需要的产品。

专为皇室效劳的御窑不是景德镇唯一的瓷窑，这里还有大量私人的民窑，装饰瓷器的纹样更活泼生动。这个现象在过渡期的瓷器上特别明显。万历末年皇室订单急剧下降，由越来越多的民间订单取而代之，装饰图案摆脱了皇室的束缚，自由地创造出深受国内外市场欢迎的样式。

包括顺治时代在内的过渡期，出现了新的形式和风格，为两个王朝的瓷器架起了承传的桥梁。例如，顺治时代的一个创新是把 17 世纪初中国风景卷轴画搬上了瓷器。另外，顺治个人酷爱《西厢记》，这也充分说明了为什么顺治之后这剧目成了瓷器装饰的热门主题。在 1980 年前，人们对顺治朝的瓷器所知甚少，自运载产于 1643 ～ 1646 年间瓷器的“哈察”号被发现后，研究确定某些过去制作日期不详的瓷器为出自顺治年代，这有助于人们了解它们对中国 17 世纪瓷器发展的影响。

与克拉克瓷相比，过渡期瓷要厚重一些，但瓷体和彩绘的质素较高。没有了皇室的大额订单，陶工为出口贸易和

取材自《西厢记》的木版画，陈洪绶绘，17世纪中叶。木版画有助识别瓷器上的景观，瓷器上的人物和图案有时与印刷插图相似。

国内主顾制造出更多瓷器。国内主顾主要是士大夫家族和附庸风雅的商贾。新的主题及图案反映这两个新兴市场的趣味：文人骚客及其韵事、佛道人物故事、动植物、风景和吉祥物。这些图案也深受国外市场欢迎，因为它们不仅漂亮美观，画工精细，对欧洲人而言还代表了东方的异国情调。

1680年，康熙决心重振瓷器业，在五年前的三藩之乱中被破坏的景德镇瓷窑迅速重建，不仅恢复瓷器生产，随着1680年代海上贸易解禁，出口也恢复了。康熙钦点一名督窑官负责组织和监督御窑的运作，同时管理为国内外市场制造的瓷窑。殷弘绪神父在1712年的一封信件里，详细介绍了黏土、瓷釉及陶瓷业，其中描述了流水作业的情况：

“在工场里绘画工序分工合作，一个画工只在器口画上色圈，另一个人画上花朵，由第三个人上色；这个人画山水，那个人画鸟兽。”

17世纪中、末叶，中国瓷器的风格出现变化，青花瓷的图案开始采用彩釉，最后发展成一种法国人叫做“famille verte”（五彩）的新品种。这个欧洲称号，指的是以透明绿釉为主色的中国瓷器，制作工序先是上一层釉下蓝，然后上釉上蓝，还有一些其他颜色。所有瓷釉都是透明、宝石般的色调，只有深色的氧化铁红除外。颜料的流动性很强，使画匠能画出非常精细的几乎类似铅笔线条的图案。康熙瓷有三大装饰风格，青花瓷和五彩瓷正是其中的两种。

第三种装饰图案在康熙后期十分普遍，叫“中式伊万里瓷”（Chinese Imari），是瓷器风格演变的重大发展。由于17世纪前25年皇室订单减少，景德镇瓷窑开始为国内和日本市场制作越来越多的瓷器。日本市场的需求推动景德镇发生变化，配合市场对指定形象和装饰的要求，成为这一行的重要条件，就像后来配合荷兰和英国的指定规格一样。尤其是在天启年间，已经有不少为日本制造的日式造形和装饰的青花瓷。

由于在日本九州发现了一种瓷石，当地的瓷器业在17世纪初开始发展。其形体和装饰十分简单，销售到本地市场。17世纪中叶，中国改朝换代的乱局减少了瓷器出口，荷兰只好寻找新管道以解决供应不足的问题，日本陶工就利用这时机，开始为荷兰生产陶瓷。以九州港口伊万里命名的日本伊万里瓷，特色在于釉下蓝上面，再加上铁红和金色的面釉，图案是花卉和几何形状的简单或复杂的组合。这种对比鲜明的色彩和图案在欧洲大受欢迎。

不过，日本瓷器只有在中国瓷器业不振的情况下才有机可乘。到1680年，中国瓷器业重整旗鼓，中国陶工很快采纳了伊万里瓷的设计，造出自己的“中式伊万里瓷”。最初，设计时尚新奇，后由于18世纪前25年生意兴旺，也就无暇顾及创意了。中国瓷器业力量本就强大，加上朝廷的支持，使日本瓷窑处在极不利的地位。到1740年，日本出口市场为中国更廉价的瓷器所占据，但伊万里风格的瓷器依然是出口市场的热销货，许多欧洲工厂也生产出自己的釉彩瓷。

另一种日本瓷器叫“柿右卫门瓷”，对中国瓷器的影响较小，但也值得注意。它的名称来自九州有田町一个陶瓷家族，这种瓷器约在1685年开始生产，特征是优质纯

18世纪初的中式伊万里瓷盘，直径23厘米。1683年景德镇重建后，中国瓷器业占据了日本伊万里瓷的市场。釉下蓝配釉面金红的鲜明色彩组合，深受欧洲人喜爱。私人收藏。

中式伊万里瓷盘，1720～1740年，直径23.3厘米。私人收藏。

中式柿右卫门风格瓷碟，
1700年。私人收藏。

白瓷体，附有少量雅致的不对称装饰图案。主题（花、风俗画和鸟兽）基本取法中国，稍加改变以适应日本的审美趣味，如精心布置图案，刻意留白以产生空灵之美。柿右卫门瓷的图案用铁红、绿、蓝、黄、青绿和少量浓重色调和，在釉上着色。这种瓷器对欧洲陶工有巨大而多样的间接影响。跟其他出口瓷器比较，它较为贵重，收藏者主要是有钱人，最著名的收藏家有萨克森选侯和波兰国王奥古斯都二世（Augustus II）。柿右卫门瓷的魅力不凡，其图案和颜色成为许多欧洲作坊的主调。

17世纪末，由于中式伊万里瓷和柿右卫门瓷销往欧洲，掀开了瓷器图案传承的新篇章。日本过去模仿中国，中国现在反过来模仿日本，欧洲人又模仿中国和日本的瓷器，随后中国又模仿欧洲，相互仿效。这个过程与其说是艺术影响过程（产生了一些非常漂亮珍稀的瓷器），不如说是经济发展过程，只要制造商认为某种造形和装饰能在某个市场畅销，就会落实生产。东西方风格互为影响，主题互相承袭，冒出一批又一批令人着迷的新瓷器，以致人们不时提出这样的问题："究竟谁抄袭谁？"

3

中国风格

纹章

欧洲的回响

中国热和绘画

录自《致一位迷恋古中国的女士》:

是什么激起她心中的热情？

她的眼睛因欲火而憔悴！

她缠绵的目光如果落在我的身上，

我会多么幸福快乐！

我心中掀起新的疑虑和恐惧：

是哪个情敌近在眼前？原来是一个中国花瓶。

中国便是她的激情所在，

一只茶杯，一个盘子，一只碟子，一个碗，

能燃起她心中的欲望，

能给她无穷乐趣，能打乱她心中的宁静。

——约翰·盖伊（John Gay），1725 年

出自冈萨雷斯·科奎斯（Gonzales Coques，1618～1684年）手笔的油画《访客》，86 x 118厘米。17世纪荷兰的室内画常常凸显中国克拉克瓷，如这幅画中靠近天花板的架子上的瓷器。它们被放在不易受损的地方并不使用，让观赏者尽收眼底，足见其价值和地位。这个显然是富裕家庭，因为除了瓷器外，还有夺目的进口餐桌布和挂毯。艺术历史博物馆藏，Lucien Baszanger基金会，日内瓦BASZ 5。

虽然盖伊的诗句不一定仅指来自中国的瓷器，而是泛指 18 世纪初市场上所有陶瓷，但反映瓷器的持续受注目及其象征意义。人们最熟悉的青花克拉克瓷在 17 世纪充斥世界市场，更从不同层面引来注视目光。它是亚洲贸易带来的明显变化之一，不仅能供饮用刚刚流行的茶、咖啡和巧克力等进口饮料，还是最赏心悦目的装饰品。瓷器开始出现在那个时代的绘画中，尤其在世纪初就率先大量进口瓷器的荷兰。

从风俗画中可见，青花瓷有各种用途。室内装饰用的瓷器，通常放在房间的高处，以免受损，也摆放在女士们喝茶的餐桌上。但在许多画里，瓷器多半被当作静物写生的一部分，和其他静物摆放在一起，缔造出一种别有寓意的场景。

几位荷兰画家的成名作中也有中国瓷器。这些写实的“逼真立体画”，旨在产生一种仿真度极高的视觉效果。由于瓷器在那个时代属于异国奢侈品，往往与镶上珍贵金属的螺壳、色彩斑斓的波斯地毯或银碟等其他舶来物一起陈列，共同绽放异彩。有的瓷器上的绘画十分精细，有助艺术史家确定它的制作日期，从而也能确定绘画的日期。从沉船中如果发现瓷器，也能提供新的线索，使日期更为精确。

相对于明显世俗而奢华的物体，静物画中也有各种别具寓意义的事物。例如橘类食品中，橘子（橙）经常

维纶·卡尔夫（Willem Kalf，1619～1693年）油画《水果，玻璃器皿和万历瓷碗静物写生》（1659年），58.4 x 50.8厘米。17世纪许多荷兰画都以克拉克瓷作道具，尤其是维纶的作品。描绘的物件往往别有寓意，观赏者能识别其中象征的人物、场所和活动。由于当时中国瓷器在荷兰社会中占重要地位，静物画出现瓷器相当合理。大都会美术馆藏，Maria DeWitt Jesup基金会，1953年，53.111。照片摄于1979年。

出现，有可能暗喻荷兰的执政者奥兰治家族（House of Orange）。许多绘画也画了被吃掉一半的食物和杯盘狼藉的餐桌，寓意宴饮者已去，欢乐何其短暂。同样，一幅植物静物画中，中国花瓶里插着艳丽而昂贵的郁金香，其叶子却满是虫斑，也许用以警惕世俗的欲望。

在18世纪，中国瓷器也在英国艺术家的绘画里出现，通常作为茶具和其他日常用品。有些大家族有正式的大型瓷器展览室，有些家庭则精心摆设，让瓷器作为家居装饰。到18世纪中叶，随着饮茶的流行，英国东印度公司每年大量进口茶具。中国瓷器价廉物美，款式越来越多，加上欧洲仿制瓷器的竞争，大大刺激了人们收藏这种漂亮耐久的器物的欲望。

上述那首1725年左右描述痴迷中国瓷器的英诗，反映的也许和实际情况差不多。

中国：事实与幻想

欧洲对瓷器的痴迷与对中国的幻想可说互相交织。蒙古人和马可·波罗称中国为“Cathay”，这个名称源自Khitai一词，为“契丹”（Khitan）的后裔分支，这部落曾控制中国北方，并建立了“辽”政权（907～1125年）。马可·波罗在中国逗留期间曾在忽必烈朝中当了17年顾问，他的畅销书助长了人们对中国的向往。也由于他的书，Cathay在整个中世纪欧洲成为中国的代名词。

内蒙古库伦辽墓壁画中的契丹人。

那时候大多数欧洲人对中国的了解都来自这本著名的游记。尽管人们对他的所见所闻半信半疑，但他的描述轻易抓住了根本无从知道真假的欧洲人的想像。虽然他的许多描述以事实为基础，但有些描述却牵强附会；中国的许多特殊的习俗，如缠足和饮茶，他并未提及。因此，既有对个别事物的错误观察，例如他说中国人使用奇怪的外来材料制作瓷器，也有对中国社会性质的全盘误解，马可·波罗为欧洲人对世界的认识，带来新鲜而奇异的幻象。

如果说旅游见闻主导了这种观念，那么进口欧洲的商品也起了同样重要的作用，尤其是瓷器。从15到18世纪，随着欧洲发现亚洲并与之交往，商品和资讯开始双向流动，但欧洲虽然渴求亚洲的奢侈品，他们对跟东印度公司交易的不同国家却缺乏认识，甚至毫无兴趣，因此往往把亚洲进口货统称作“印度货”或“来自东印度”。不过有一个统称就够了，因为这些外来奢侈品产生一种幻觉：在东方不管什么国家，都是财宝满地，神神秘秘的。那也是一个对欧洲人而言毫不重要的地方，它只是现代装饰和艺术图案上斑驳陆离的幻象而已。但到17世纪末和18世纪初，欧洲流行文化却因这种被称为“中国风格”的来自东方的影响而发生突变。

对东方的迷醉促使欧洲人生产模仿中国风格的瓷器、漆器、绘画、家具、亭台，园圃和室内装潢。史蒂文·巴里施恩（Steven Parissien）在《欧洲对亚洲的幻想》一文中探讨了18世纪初欧洲突然钟情东方的原因。他指出有许多因素在起作用，但重要的是心理因素：1683年奥斯曼帝国围攻维也纳失败后开始崩溃，对欧洲大陆的威胁减弱了，从而产生一种心理上的解脱。印度莫卧儿帝国也崩溃了，这个“刚刚衰落的”东方成了“逃避现实的幻想”的主题。

约翰·内吴豪夫（John Nieuhoff）1665年用荷兰语出版、译成多国语言的《省联东印度公司使节中国鞑靼大汗国皇帝觐见记》（或简称《游记》）中的插画《南京瓷塔》。瓷塔用釉彩瓦装饰，成为中国风格图案的流行主题，助长了欧洲对中国的想像。

1800～1810年的保温瓷盘，长34.5厘米。保温盘又叫热水盘，有小孔可倒入热水以保持食物温度。中国风格图案在中国和欧洲之间相互抄袭，形成典型的东方印象和幻想。私人收藏。

1810年的英国斯波德瓷盘，直径24厘米。这个瓷盘的中国风格图案与中国本土制造的稍有不同，但仍然保留了基本元素：亭台、水、船、桥和树。瓷盘也模仿了费茨休（Fitzhugh）饰边。私人收藏。

因此，“中国风格”主要表现的是这样一个东方：那里的人性格随和，常常在安静的楼阁里优哉游哉，与大自然融洽并存，沉湎于无伤大雅的消遣中。18世纪初的图案渗

进了更多的影响，在其他欧洲设计者对东方主题重新诠释的基础上再加诠释，最后，“中国风格”的更恰当称呼应该是“异国情调”。整个亚洲的图案主题可以任意凑合而不理会它们的源头，可以任意自创成规而无视现实。在整个18世纪，从文学、应用艺术和装饰艺术到建筑，中国风格通过不同表现手法跌撞前行，到18世纪末才走完它的历程。

瓷器奥秘的早期探索

只要有市场，商品就会充斥其间。从日本到中东，最后到欧洲，中国瓷器之所以大行其道，是因为与本地陶器相比，它更美观耐用。陶工试图仿制但往往徒劳，因为要取得成功就要有合适的自然资源。有些陶工也能在缺乏资源的情况下制出乍看十分近似的仿制品，他们虽蓄意模仿中国瓷器，但往往用上自身的设计，加上仿造瓷体的技术不同，产生了新而成本较低的漂亮陶瓷，在本地市场甚受欢迎。

中东与中国很少直接联系，没有高温烧制陶瓷的传统，也缺乏制造高温瓷必需的自然资源。中东的传统陶瓷用的是石质黏土，器身很易破碎。因此，这类易碎的低温瓷很少能完整保存下来。瓷胎也不是白色的，只是上了一层锡釉，在低温烧制的器物上形成一种不透明的白色涂层，然后在上面画上瞩目的蓝色图案。在低温瓷的瓷胎上涂上这种釉，成为中东、欧洲，甚至墨西哥早期陶瓷生产的普遍做法，这些地方还不知道或找不到高温瓷土。到 15 世纪，从土耳其到叙利亚的陶工不仅能仿造中国青花瓷的独特图案，而且能创造性地加以改造，以配合本地的需求和口味。

另一方面，越南、泰国以及后来的日本，在 14 世纪中期中国青花瓷出现在亚洲市场后，模仿得特别成功。这些国家离中国及中国的瓷器技术较近，也有高温黏土，容易制造出中国瓷器的仿制品。这些仿制品一开始囿于中国瓷器的造形和图案，后来就像中东陶工一样，发展出具有各国特色的瓷器。

在 14 世纪，已有少量中国瓷器成为欧洲人的珍藏。有记录的最早瓷器名为"Gagnières Fonthill"瓶，是个长颈玉壶春瓶，精致的立体模压装饰上，覆罩一层浅淡青白釉，如今收藏在爱尔兰国家博物馆，约于 1300 年在景德镇制造。这件瓷器以及另外几件，可能是马可·波罗带回欧洲的，但没有证据支持这种推测。

瓷器的稀有、美观和神秘出处（包括制造材料和遥远的生产国度），很自然使它成为有财势者的珍贵礼品。Gagnières Fonthill 瓶就游历过许多欧洲的王室，它连同许多其他进口的中国和日本瓷器，约在 1381 年镶嵌了贵重的金属支架，不仅为了修饰，还为了保护它们。从一些早期绘画中可见到这个花瓶的金属架，1882 年出现在英国拍卖市场上时才不见了。

用惯了粗糙厚重的低温陶瓷餐具的欧洲人，从未见过如此精致的白色瓷器。他们相信瓷器的一些奇怪传说，说它是用贝壳、蛋壳，或精磨细雕过的石头制作。不久他们就开始用各种材料实验，尝试复制出这种坚硬的半透明白色瓷器。

就像在中东一样，大多数国家不得不使用本地黏土，因为高岭土并非到处都有。欧洲和新大陆的陶工用本地的低温黏土以不同方法式来制作，涂上一层不透明的氧化锡涂层。这层涂层不仅能产生精白的外观，而且还能提供光滑的表面，以涂上对比鲜明的蓝色图案。

以低温黏土烧制的器皿，一般只能称作陶器。涂上氧化锡和彩釉的陶器有两个统称：一个叫马略卡彩陶，是指中世纪末从西班牙途经马略卡运到意大利的陶器；另一个叫费恩扎彩陶，是指 15 世纪意大利费恩扎镇为出口而制造的白底上色的马略卡式陶器。

渴求中国瓷器的欲望激发了生产这种瓷器的欲望，托斯卡纳大公爵法兰西斯科·梅第奇（Francesco de'Medici）开始了最早的尝试。他从 1574 ～ 1587 年统治佛罗伦斯，

1575 ～ 1587 年佛罗伦斯梅第奇工场制造的软质瓷大口水罐，高 23.3 厘米。大都会美术馆藏，J. Pierpont Morgan 赠，1917 年，17.190.2045。照片摄于 1999 年。

就像赞助米开朗基罗和其他艺术家的他的先祖罗伦萨·梅第奇（1449～1492年）一样，他也是中国瓷器的收藏家。

虽然商业利益可能是尝试的动机之一，但法兰西斯科是一个珍稀物品收藏家，酷爱天然珍品和手工制品。他对炼金术有浓厚兴趣，认为只要程序正确，一种材料就能变成另一种材料。众所周知，炼金术士的目标是把普通金属变成金子，尽管这个目标无法实现，但炼金术重视实验和发现的精神，孕育出现代化学。1709年，一名德国的炼金术士可能就是欧洲第一个研制出真正瓷器的人。

不过，梅第奇在佛罗伦萨的宫廷作坊制造的瓷器并不是符合技术含义的瓷器。梅第奇的工人不懂制造瓷器必需的黏土和彩釉，或没有提高窑温的能力，他们使用主要由白黏土和磨碎玻璃组成的混合物来仿制瓷器。在一个生产玻璃的地区，这个方法合情合理，因为人们以为瓷器就是一种半透明的玻璃。梅第奇制作的陶瓷也是半透明的，比瓷器更轻；蓝色图案往往会稍稍渗出，釉面有时比较粗糙。

梅第奇陶瓷虽然有时令人想起西班牙马略卡彩陶和中东伊斯兰陶瓷的形状和图案，但也具有中国瓷器的美观雅致。可是其制作非常困难，损耗一定非常大。1587年法兰西斯科死后不久，梅第奇陶瓷就停止了生产，只有六十件左右产品流传至今。

葡萄牙是欧洲第一个进口中国青花瓷的国家，有可能制造出早期的仿制品。16世纪中叶，每年有数以千计的瓷器进入葡萄牙，其中许多运往其他欧洲市场。瓷器价格昂贵，可推测本地陶工会很快看到市场契机，生产便宜的仿制品，但这类尝试从何时开始并无文献记录。

另一方面，西班牙素具制陶传统，会使用阿拉伯人带来的钴蓝颜料，阿拉伯哈里发帝国从8～15世纪统治过西班牙。现在已知的西班牙中国瓷器仿制品较少，可能许多帆船贸易的瓷器留了在新大陆，也可能中国瓷器在西班牙不像在别处那样新奇，或者西班牙陶工不像葡萄牙陶工那样，认为仿制中国瓷器有市场。

然而从菲律宾运往墨西哥的青花瓷，对墨西哥城东南的陶瓷镇柏布拉的陶工却产生了巨大影响。16世纪末，精通锡釉陶器制作技术的西班牙陶工来到墨西哥，设立了制陶工场，目的也许是向贵族和教会提供常用的陶器。由于该区蕴藏适用的黏土，柏布拉已经有本地制陶业，因此西班牙陶工在那里定居就顺理成章。当地制作的陶器很粗糙、不上釉，西班牙陶工带来新技术（如陶轮、釉和封口窑）后，当地制陶业发生了新的变化。

移居当地的陶工希望能制出在西班牙塔拉韦拉—德拉

1800 年墨西哥锡珐琅陶瓶，高 18.4 厘米。大都会美术馆，Robert W. de Forest 礼品，1911 年，11.87.30。照片摄于 1999 年。

雷纳流行的陶器，用上了他们的传统风格，这种风格早已混合了西班牙和摩尔人精细多彩的图案。但在新西班牙（墨西哥），这种所谓“塔拉韦拉”陶器也开始受中国瓷器的影响，在白色上画上夺目的蓝色纹样。这种陶器最后称为“柏布拉的塔拉韦拉陶器”，以有别于原先的西班牙陶器。

到 17 世纪中叶，柏布拉陶工生产的锡釉陶器受到多方面的影响，有葫芦形等中国式造型，也用上中国图案作装饰，但并不完全照搬中国的设计。例如，葫芦上方的球体有中国瓷器所没有的凹陷，有时候把中国的凤凰弄得像一只鹦鹉，风景既有中国色彩又具有当地特色。

与亚洲的青花瓷仿制品（图案往往很精致典雅）不同，柏布拉生产的陶瓷显示，当地的陶工很喜欢把钴蓝的深度和色泽变化用到极致。图案繁复、色调粗狂浓郁，就像用大刷子绘画出来，而且往往还有触感：有时候蓝釉会积聚在表面的小凹坑里。柏布拉陶瓷不像西班牙塔拉韦拉陶瓷那样经两次烧制，而是上了釉后一次烧成，有时候会使钴蓝色渗入表层。从 1650 ～ 1750 一百年间，是“柏布拉的塔拉韦拉陶器”生产的黄金时代。这些陶瓷总体上具有自己的风格，通过文化交流创造性地混合了各国风格和技术。如今，柏布拉陶工仍在生产这种使人想起他们融合不同风格的传统陶瓷。

荷兰的彩陶业源自西班牙、意大利的马略卡陶瓷传统，因为西班牙在 16 世纪管治过荷兰，17 世纪初意大利陶工又大量涌进。1602 年荷兰东印度公司成立，美观的青花瓷进入广阔的市场后，已经在生产锡釉陶器的当地陶工开始模仿中国瓷器的颜色和格调。一些早期的仿制品显示了中国和意大利的混合影响，这是中国瓷器对荷兰陶瓷最

1620～1640年荷兰克拉克风格陶盘，直径29.5厘米。它用陶土制作，一眼就看出不是中国瓷器，但对买不起真品的欧洲人而言，它至少与当时在欧洲非常流行的克拉克瓷图案有几分相像。私人收藏。

终产生重大影响的最初征兆。1640～1740年间，荷兰陶工生产出一些最精致的中国瓷器仿制品。清廷禁止海上贸易后，中国瓷器停止供应，在欧洲市场留下巨大缺口，荷兰陶工抓住机遇生产出取代中国瓷器的陶瓷。

荷兰是第一个大规模销售中国瓷器仿制品的国家，由于这种陶瓷在德尔福特制造，"德尔福特陶瓷"（Delftware）就成为彩陶式中国青花瓷仿制品的统称。德尔福特陶瓷的瓷体与其他彩陶相比更精细、更轻。陶匠清理和混合黏土时要十分仔细，这样产生的高质瓷器才能与中国瓷器竞争。但在耐用性方面，彩陶很脆，茶杯或盘子的上釉边缘很容易碎裂。日语中用来描述克拉克瓷类似情况的一个用语，在这里也适用，意思是“虫咬过的”。瓷胎第一次进窑后（素坯），涂上不透明的白色氧化锡，画上装饰图案，再施以清澈的铅釉使表面光洁，随后进行二次烧。由于中国瓷器的影响，钴蓝图案在17世纪十分流行，但也使用其他颜色（紫色、棕色、绿色、红色和黄色）。

欧洲许多其他制造商根据自己对瓷器的诠释，使用不同材料来仿制。名为“软质瓷”的法国式陶瓷于17世纪末在圣克劳德生产，到18世纪已有好几家工场制造这类瓷器，并确立了畅销地位。这些欧洲“软质瓷”，有别于中国的“硬质瓷”——真正的瓷器。荷兰作为中国瓷器的进口大国，没有很大的动力去生产具竞争力的真正瓷器，只是专注生产德尔福特软质瓷仿制品就够了。

17世纪中后期，荷兰陶工移民把锡釉陶瓷带进英国。由于陶瓷在17世纪风行一时，“英式德尔福特陶瓷”便成为区分英国和荷兰制造的瓷器的一个常用语。即使在1709年，德国迈斯发现了硬质瓷的制作方法，在康沃尔也发现了瓷土，英国陶工仍在继续改进他们的软质陶瓷，并在1750年左右的一次尝试使用骨灰（烧过的牛骨）来改善其透明度和白度。到世纪末，乔希亚·斯波德（Josiah Spode）把骨灰和真瓷成分混合起来，创制了骨瓷。骨瓷的成本不仅比真瓷低，而且更坚固。骨瓷从未真正传播到英国以外，但它现在仍然是英国瓷器生产的一大品种。

中国瓷器甫进入欧洲，便燃起了制作本地瓷器的兴趣。如前所述，表面上看，青花瓷的软质仿制品从墨西哥到意大利都有，但没有一种在技术上近似产自中国的硬质瓷。仿制品的耐用性不如硬质瓷，但外形美观，消费者更容易买到，也买得起。

1697年，弗雷德里克·奥古斯都（Frederick Augustus，1670～1733年）成为萨克森选侯和波兰国王奥古斯都二世。他不仅以热爱收藏东方瓷器著名，而且极想在自己的领地生产瓷器。不过他最大的兴趣是把便宜金属变成金子的炼金术，这对一个开销巨大的统治者来说自然不难理解。当年轻的炼金术士约翰·波特格（Johann Böttger）诈称能点铁成金时，就引起了普鲁士的弗雷德里克一世注意，并把波特格召进宫里。波特格害怕把戏被拆穿，于1701年逃到萨克森，奥古斯都得闻他的事迹，把他拘押以为己用。

几年来波特格被奥古斯都囚禁在城堡，责令他变出金子。他当然做不到，奥古斯都想，让他做科学家、经济学家兼宫廷顾问慈恩豪斯伯爵（Count Ehrenfreid von Tschirnhaus）的助手也许更有好处。虽然波特格无法炼出金子，但他也许能帮助发现制作“白色金子”（当时人们这样称呼瓷器）的方法。波特格搞化学实验的经验，加上慈恩豪斯在欧洲广泛游历和研究所得的广博科学技术知识，在探索瓷器奥秘的过程中正好相辅相成。

慈恩豪斯对矿物融合性的知识，以及他对瓷窑和须以高温烧制瓷器的理解，是探索制瓷技术不可或缺的知识。1705年，波特格依然在囚，但转至邻近迈斯的阿尔伯雷茨堡，继续尝试确定制造瓷器的真正材料。最初的成果是一种高温红色粗糙陶器，这是一种适合制造各种漂亮造型的材料，还有就是造出中国宜兴茶壶的仿制品。最重要是搞清了不同组合的材料在受高温烧制时，是如何互相融合的。

该区发现了白色瓷土（高岭土），但究竟是慈恩豪斯还是波特格首先认识到制造瓷器时加入黏土的应该是石粉而非玻璃？没有人真正知道。慈恩豪斯死于1708年底，就在终于成功造出瓷器前不久。虽然是两人合力发现瓷器的奥秘，但还活着的波特格接受了大部分荣誉，现在依然用他的名字来描述这一时期迈斯的陶瓷。

在1710年1月10日发布的公告中，奥古斯都宣布在迈斯发现了瓷器的奥秘：

“我们的工匠也能够提供足够的白瓷样本，有的上釉有的不上釉，证明由我们的土壤提取的材料，能够用来制造瓷器，这种瓷器的透明度及其他品质，可与东印度来的

1740～1750年迈斯风格的中国瓷盘，直径35厘米。随着1709年迈斯发现瓷器制造方法，打破了中国人的垄断，中国开始生产模仿迈斯风格的瓷器。瓷盘中心式样各异的涡旋纹饰便是迈斯图案的特征。私人收藏。

瓷器媲美；所有的一切使我们相信，只要经过适当的处理，这种白色瓷器将能超过东印度的瓷器，正如红色陶器已经证实的那样，不仅在美观和品质上，而且在形状的多样化和制造大型器物如雕像、石柱和套装餐具的能力上，均已超过东印度的红陶……”

虽然公告中仍然把瓷器的产地说成是“印度”而不是中国和日本，但公告的乐观语调是有道理的。瓷器奥秘的发现为萨克森和迈斯带来了财富，其图案不仅为英国和其他欧洲国家所仿效，后来甚至连中国人也模仿。整个18世纪，中国瓷器继续进口，以英国东印度公司进口得最多，但欧洲人的态度在改变，欧洲和英国制造的瓷器（软质瓷和硬质瓷）的竞争，使得中国瓷器唯我独尊的地位一去不返。

深入王侯之家

中国瓷器一直吸引着近东王室和贵族的注意。前面提到的伊斯坦布尔托普卡比萨雷博物馆（Tokapi Palace Museum）中奥斯曼苏丹的收藏品，以及如今在德黑兰的波斯君王的元、明瓷珍藏，都反映早期对中国珍稀瓷器的收藏热。托普卡比博物馆的瓷器藏品包括迈斯和法国著名的里摩日和塞夫勒两个陶瓷中心生产的瓷器，但主要藏品仍是大量的中国瓷。

中国瓷器在16世纪进入欧洲，数量很少，十分昂贵，主要用于王室和贵族的起居室。随着16和17世纪瓷器的声誉蒸蒸日上，欧洲王室遂争相收藏和展示令人艳羡的青花瓷，并以此作为珍贵的礼品。

在16世纪，人们开始兴致勃勃地收藏各种珍稀物品。他们辟出专用的橱柜，以展示和储存异国奇珍，不但娱人娱己，也营造一种高雅的文化氛围。由于中国瓷器在收藏

里斯本法国大使馆桑托斯宫瓷器室的天花板。锥形天花饰以16和17世纪的中国青花瓷，蔚为壮观。葡萄牙是第一个进口中国瓷器的国家，故能收集到这么多的藏品，它们显然不是为了日常使用，就像托普卡比的奥斯曼宫殿的许多瓷器一样。

品中地位突出，开始从橱柜转移到餐桌和架子上，成为赏心悦目的陈列品。

17世纪荷兰人主宰瓷器贸易，瓷器大量涌入欧洲，到世纪末，出现了大规模的收藏以及各种与别人不同的展示方式。皇家（以及越来越多的富裕商人）开始把瓷器收藏和建筑融合起来。这种倾向最先出现在葡萄牙。在里斯本桑托斯宫（Santos Palace）的锥形拱顶上，安装了260件1500年到17世纪中叶制造的青花瓷，形状之多样，图案之复杂，堪称一绝。为了装饰，人们把瓷器永久性固定在木架上，成为财富和声望的实质证明。

欧洲王室间互结婚盟，令瓷器珍藏到处转移和重新组合，其迷人之处更为人熟知，从而推动了瓷器热的传播。17 世纪中叶，荷兰奥兰治家族的两位公主嫁给德国北部的两位权贵：1646 年路薏丝 · 亨利塔（Louise Henriette）嫁给布兰德堡—普鲁士选侯威尔汉姆一世（Frederick Wilhelm I）；阿尔伯蒂娜 · 艾格尼丝（Albertina Agnes）嫁给拿骚—迪茨的威廉 · 弗里德里克（William Frederick）。她们把瓷器珍藏和以之炫耀的喜好一路带到德国，两对夫妇都建造了瓷器室来收藏，分别位于奥拉宁堡皇宫和奥拉宁斯泰因。弗里德里克三世在 1690 年代重建奥拉宁堡皇宫的瓷器室时，委托奥古斯都 · 特维斯腾（Augustus Terwesten，1649～1711 年）设计天花板画。其中一幅描绘了高高举着中国和日本精致青花瓷的裸童，同时代设计师克里斯多夫 · 皮兹勒（Christof Pitzler）认为，这是“寓意欧洲正享用东方的果实”，画中的青花瓷，正是室内展览的珍品。

随着瓷器摆设扩散到所有房间，这些房间就成为一个个设计独特的奢华陈列室。有的装满镜子，有的按瓷器的特殊形状打造了相配衬的壁龛，檐口、壁炉周边和墙上的托架，都摆满了形状和大小不一的中国青花瓷。由于日本釉面彩瓷在 17 世纪中叶开始流行，也在收藏品中占据了一丹尼尔·马娄特，《Werken van D. Marot》，阿姆斯特丹，1707 年，插图 52。在中国热高峰期，马娄特把中国瓷器融入欧洲豪宅的设计。这幅壁炉架图展示了茶杯、茶托及沿墙的瓷瓶，墙壁贴着中国风格的墙纸。瓷器甚至放在壁炉，充分说明这房间只是为了陈列主人的瓷器收藏。温特图尔图书馆：书籍杂志收藏提供。

（页 91）柏林夏洛腾堡宫的瓷器室。18 世纪初布兰登堡选侯弗里德里克三世为其妻索菲亚·夏洛特建造了这个瓷器室，设计深受丹尼尔·马娄特影响。他们展示中国和日本瓷器的方式与欧洲其他瓷器室大同小异，丰富藏品依其形状大小整齐排列，室内有镶金墙壁、中国风格的绘画和镜子。照片由 Jim Steinhart 提供。

席之地。奥利佛·因佩（Oliver Impey）认为，1660 年瓷器展室开始流行，正好是日本瓷器在 17 世纪中叶一枝独秀的时期，因为当时中国瓷器仍极难得到。也有可能是因日本瓷器令人耳目一新的亮丽色彩，使瓷器摆脱了附属装饰的地位，成为衬托整个房间装潢的主角。

镶金和镜子映出从地板到天花的架子和壁龛上陈列的瓷器，使陈列室更富丽堂皇。这种风格可能受了宫廷设计师丹尼尔·马娄特（Daniel Marot）的影响，他是法国雨格

诺（Huguenot）教徒，1684年从法国移居荷兰。他设计的大型瓷器室有浓厚的荷兰风格。荷兰风格随着王室联婚传遍欧洲，当奥兰治家族的威廉三世1689年携同王后“英格兰的玛丽”应邀返英，并成为英格兰威廉三世国王时，这种风格也传到了英伦。玛丽王后是中国和日本瓷器（还有德尔福特瓷器）的热心收藏家，虽然证据不多，但可以想像，她在汉普顿宫的多层壁炉架、储物架和家具上摆设瓷器，很可能影响了其他英格兰贵族的瓷器展示方式。

柏林夏洛腾堡宫里令人惊讶的瓷器室，是在18世纪初为普鲁士王弗里德里克三世的第二任妻子索菲亚·夏洛特（Sophie Charlotte）修建的。专为收藏而设计的夏洛腾堡宫瓷器室，中国和日本瓷器混杂，给人一种色调和形状对称和谐的悦目观感。二战被毁后，这座宫殿经仔细修复，奥古斯都二世的德累斯顿茨温格宫也修复了，这座城堡宫殿如今存放着他大部分东方瓷器藏品。

在德累斯顿，奥古斯都二世狂热地收藏东方瓷器。也许因看到欧洲其他宫殿的瓷器室而心动，也深受其他王室收藏家的影响，他不分青红皂白地搜罗了大量中国和日本瓷器。他有钱有势，自可肆意收藏，藏品虽不一定只重量不重质，不过其数量之庞大，在今天看来无疑是令人瞠目的。由于数量日众，瓷器从壁架走进瓷器室，最后满布整座宫殿。

从德累斯顿宫殿瓷器室外望镀金塔。

奥古斯都先购入荷兰宫（如此命名也许是荷兰在引入和展示瓷器上确有其重要地位）来存放瓷器，其后在1729～1737年间重建，并改名为“日本宫”。奥古斯都死于1733年，大事装潢瓷器室的工程无以为继，因为奥古斯都三世对瓷器没有兴趣。

奥古斯都迷恋瓷器最著名的事例，是1717年与威尔

汉姆一世的交易，后者对军事的热情无以复加。奥古斯都以萨克森部队的一个兵团（约六百个龙骑兵），换取 151 件大型中国瓷器，其中有来自奥拉宁堡皇宫的一些极具历史价值的瓷瓶，这批名瓷从此称为“龙骑兵瓶”。有见于奥古斯都对昂贵瓷器的狂热嗜好，他的宫廷科学家兼经济师慈恩豪斯（死于 1708 年）把瓷器称为“萨克森之血碗”。

奥古斯都在 1721、1727 和 1779 年做过藏品盘点，最多的时候共有两万多件瓷器，如今有超过一半还放在茨温格宫里。由于种种不幸事故，如受战火摧残、战后拍卖相同款式的藏品，以及 1945 年作为战利品被大批运往苏联，藏品数量已大幅减少。奥古斯都在生时，曾按照一个识别系统把藏品编号刻在瓷器上，但这个识别系统很不精确，非常任意，对许多瓷器的来源都不得要领。例如，中国和日本的青花瓷都集中在“东印度瓷”类目下。但编号的保留，为就茨温格宫藏品和散布全球其他收藏地点的瓷器进行比较提供了方便。

（页 94）德累斯顿国立艺术馆的东方瓷器廊。在第二次世界大战后重建的波兰国王及萨克森选侯奥古斯都二世的宫殿走廊上，陈列著名的“龙骑兵瓶”。这些瓷器展品包括奥古斯都收藏的大量中国和日本外销瓷。他对瓷器的狂热驱使他努力探索瓷器制作的奥秘，并于 1709 年末获得成功。

4

色彩

主题

艺术与商业

广州的贸易

在中国贸易最活跃的百年间，中国南端珠江口的广州，是中国和欧洲接触的唯一地点。从1759～1842年，它是清廷唯一准许进行海外贸易的港口。

直到清初，广州还是葡萄牙人独占的地方，他们的永久领地就在附近的澳门，其他国家的贸易船难以通航。商人不得不寻找其他口岸，如在台湾的贸易点与上文提及长袖善舞的明朝忠臣兼航海家国姓爷做生意。如前所述，清廷之所以禁止所有港口的海上贸易，内徙沿海居民，就是为了对付国姓爷及明支持者的反抗，以切断国姓爷的供应渠道。不过，澳门不受法令管辖，广州虽然名义上封锁，但执行得并不严格。1684年后，禁令解除，欧洲商人纷纷涌向广州，1759年朝廷规定国外商人只能在广州贸易，指定广州为唯一的对外通商口岸，于是“广州贸易体制”一直延续到1842年的鸦片战争结束。

这个体制规定，外国人必须通过中国朝廷授权独家经营对外贸易的批发商进行交易。这些“商业机构”在中国叫“行”，后来组织成“公行”，这些代理机构各有专职，分别从事欧洲贸易、美洲贸易和东南亚贸易。朝廷授予公行商人茶叶和丝绸的专卖权，作为回报，商人负责收取进口税及其他税项，租借货栈给国外商人，并管制外国人。

1791年的汤盆和座托，背景为19世纪初的广州公行。这个汤盆和座托是英国市场独有的套装餐具的一部分，每件均刻有“广州/中国/1791年1月24日”字样。纹章属于查德维克（Chadwick），其他四个纹章分布四角。温特图尔博物馆藏，63.780.1a-c，65.1601。

1785年景德镇的酒碗，直径35.5厘米。有些酒碗上生动地描画了广州的公行情景。欧洲商人向中国人租借商馆，活动范围局限于珠江岸边的小贸易区。外国人在自己的贸易行前扬起自己的旗帜：这里中间是法国旗，左边是英国旗。温特图尔博物馆藏，Henry Francis du Pont 赠，60.572。

就像其他地方一样，与公行商人打交道的国外机构叫“驻外代理机构”。在广州，驻外代理机构设在城外的珠江岸边。代理机构从公行商人那里租借商馆，商馆内有营业区、货栈和生活区，代理人在那里处理货物和账目。商馆的楼房在城墙与堤岸之间排列成行，堤岸旗杆上飘着英国、瑞典、丹麦、法国等国旗（美国人直到1784年才来）。绘画和外销瓷上也描画了这些建筑。由于英国人的数目超过其他西方国家，所以他们的商馆也最大。

广州城本身禁止外国商人进入，外国女士和火器按规定也不准进入商馆。欧洲人只有在贸易季节才能住在代理机构，贸易季节通常从6、7月到11或12月，那时轮船要利用信风返回欧洲就必须离港了。任何想要继续留下来的人都必须移居澳门，欧洲公司一般在那里设有常设办事处。

到1833年，在广州交易的国外船只的吨位，几乎是

黄埔全景，乔治·钱纳利（George Chinnery）画派，油画，1852年。黄埔靠近广州，国外商船必须停泊在此。踏入7～12月的贸易季节，各国商船纷至。钱纳利是英国画家，在印度以画肖像画为生，1825年移居广州。他虽然以绘画社会人物肖像闻名，也画类似于这幅画的当地风景。温特图尔博物馆藏，62.235。

十四年前的14倍。增加的货物主要是茶叶，因为茶成了英国人喜爱的饮料。第二是丝绸，瓷器只占很小份额，因为欧洲自行制造瓷器，中国瓷受欢迎的程度大减。瓷器固然仍有一定市场价值，也可用来压舱，提供吃水线上较高的地方来存放怕潮的茶叶和丝绸。

瓷器贸易与茶叶、丝绸不同，不受公行垄断。任何人都能自由从事瓷器生意，也许因为瓷器制造需要技术知识，经营也十分困难，一般商人不太可能制造大量瓷器，从而对公行构成威胁。其他洋人订制而由广州工场制造的工艺品如漆器、家具、壁纸、象牙雕刻和绘画等，可以迳向个别商人发出订单而无须通过公行，但公行显然也有染指这类交易。

商船的押运员到达广州后，就根据“购货单”去订购或购买货品，并协商回航货物的各项条件。特别订造的瓷器永远是个棘手问题，因为制作需时间，而陶匠又很有可能弄错了客户关于造型和装饰的指示。后来，索性在广州设立工场，从景德镇运来素瓷，就地加上绘画，这不仅加快交货的时间，也大大简化了押运员与画工的中间环节，减少指示纠缠不清之弊。英国东印度公司职员威廉·西凯（William Hickey）在1769～1770年的贸易季节到过一间工场，在日记中他这样描述：长廊上列满百多个工匠，有些工匠很老，有些只是六七岁的孩子，都在忙于描画和着色。

18世纪中叶是出口贸易兴旺的年头，英国人做的生意比其他国家都要多。到这个世纪下半叶，东印度公司职员往往私人订购一些式样和装饰特殊的瓷器，因为公司允许他们在每次航运中装运一定数量自己喜欢的货物。这个规定为那些愿意花时间和精力来满足客户需求的人带来厚利。这些瓷器在整体瓷器贸易中占的比例虽然很少，但反映了18世纪瓷器市场的成熟，以及中国陶工愿意尝试制造各种稀奇古怪的瓷器。

中国对欧洲的瓷器贸易在18世纪最后几十年日渐衰退，这有几个原因：欧洲对中国的观感在变化，通过商人和传教士的报告，对中国的理解更贴近现实，对古老中国和中国风格的幻想也就悄然淡褪；新古典主义开始流行，仍在外

1740～1745 年景德镇的茶托，直径 13 厘米。欧洲商人在广州搜罗各种商品，包括架子上的瓷器。边缘上的小船和人物图案用上粉彩。温特图尔博物馆藏，Henry Francis du Pont 赠，66.588。

销的中国瓷器上的图案设计也反映出这时尚，私人贸易反应敏锐，能紧贴风格的变化，当时广州釉工制作的盘子都用上了新的图案纹样；除此以外，工业革命开始使洋人的注意力转向自己国内的产品，韦奇伍德、迈斯和塞夫勒等地的欧洲瓷器流行，加速了中国与欧洲瓷器贸易的终结。不过，在 19 世纪上半叶，瓷器贸易在美洲市场依然兴旺。

这时候，广州贸易也经历巨变。1820 年，私人贸易超过了东印度公司，鸦片取代其他商品成为主要进口品。除了“公司船”，向公司购买私人贸易许可权的所谓“港脚船”也从孟买、孟加拉和马德拉斯开往广州。“港脚商人”大多数是在印度做生意的英国人，其中也有一些印度人和帕西人。东印度公司垄断了印度的鸦片种植，特许这些民间商人在中国销售鸦片，自己不直接参与。港脚商人出售鸦片，把收到的白银交给公司在广州的代理，公司便用这些钱来购买茶、瓷器和其他中国商品运往英国。于是一种三角贸易发展起来，一方是英国和印度，另一方是中国和印度，第三方是中国和英国。支配“港脚贸易”的是鸦片，它不仅解决了英国购买中国货的资金，还有剩余银两。过去，中国只进口一些奢侈品和印度的纺织品，最受欢迎的是新大陆的银币。如今，由于大量进口鸦片，白银随之外流，中国对外贸易顺差突然逆转，对外贸易的繁荣期就此结束。

外销瓷是一种艺术品

大多数中国出口欧洲的瓷器都在景德镇制造，少量精美的白瓷来自福建东南沿海的德化。这种瓷器用的是难以放在陶轮上成形的瓷石，以模具制成塑像，或小型餐具。这些餐具不会再作修饰，主要作装饰用，要么素白，要么只有嵌贴或模压的装饰，如花枝或花朵。

18 世纪白瓷在欧洲深受欢迎，有“雪瓷”之誉。德化瓷石和清釉的独特品质使瓷器呈现一种柔和、状如凝脂，有时略带微黄的白色，有别于景德瓷亮丽的白及对比鲜明的蓝色图案。德化的佛教人物塑像，尤其是慈悲观音像，在欧洲非常流行，德尔福特甚至还加以仿制。

殷弘绪神父在 1712 年的信中说观音像也是在景德镇制作的：

“他们在这里也制作许多观音像，观音怀抱婴儿，接受不孕妇女的许愿。她相当于我们见到的维纳斯和戴安娜的古代雕像，其区别在于观音像更祥和些。”

德化许多产品可能都是针对外销市场，因为欧洲和亚洲沿海地区都有它的踪迹被发现。洋人塑像对于本地市场和欧洲市场都是一种珍稀。不管是出于无知或故意，人像混合了中国和西方的特征，如中国的面孔却穿着西服，或中国式装饰图案里出现西方人物，这一切都增加了异国情调。

另一件出现在欧洲瓷器架上的不寻常物品，是状如犀角的德化杯。中国人一直认为犀角（实际上是许多密集的鬃毛，不是真正的角）具有神效，遂把犀角倒放，让宽面在上、平窄面在下，造成杯子状。犀角是中国本土没有的奇珍，可供精细雕刻，其他吉祥动物也多是进口的，比如鹿，也经常出现在德化瓷杯上。

18世纪中叶法国一幅绘画，布里昂夫人（Madame Brion）饮茶坐像的油画中（页106图），有一只德化杯放在壁架上，有助于说明富裕且爱猎奇的欧洲人的生活环境。夫人坐在以进口纺织品和瓷器装饰的房间，她喝的并非如画题所示的茶，而是桌上银质咖啡壶里的咖啡。显然她想给人一种具有鉴赏力和趋时的印象，她深知这么多从不同国家进口的有价值物件所产生的含义，那只德化杯放在架上作为装饰，显得格外醒目。

在另一边，江苏宜兴的茶壶也打开了出口市场。茶号称具有健体和怡神的双重作用，成为欧洲的奢侈品，价格昂贵，只有王室和富人才能享用。但至18世纪，茶价格下降，饮茶风气盛极一时，于是对泡制这种芳香饮料的器具

17世纪末清德化杯，犀牛角形，杯身有雕刻及嵌贴装饰，高7.6厘米。18世纪中国多以犀牛角作为吉祥装饰。虽然许多外销瓷由景德镇制作，但福建德化的小型白瓷也深受欧洲人喜爱。西雅图艺术博物馆，Eugene Fuller Memorial收藏，33.681。

雅克－安德列·乔瑟夫·阿威德（Jacques-André Joseph Aved，1702～1766年），《布里昂夫人饮茶坐像》，油画，128.6×98.6 厘米，1750年。迎合潮流，布里昂夫人周围全是异国物件，如壁炉架上的印度纺织品和中国瓷器。右面的瓷器是康熙朝的有盖广口瓶，左面是德化犀牛角杯，可能是她的异国藏品中最瞩目的。西雅图艺术博物馆藏，87.99。

的需求随之上升。

大多数供贸易用的茶具后来都用瓷器制造，但早在1670年，在中国用来泡茶的宜兴茶壶就已进入英国和荷兰，可能是作为特殊奢侈品而出口的。这些不上釉的红色瓷质茶壶可追溯到16世纪中叶明代的饮茶风气。精美的茶壶不是大规模生产的，而是手工精制，因为当地的红黏土遇水也不易软化，不适合在陶轮上操作。“紫砂”黏土由细密微粒组成，较柔韧，其可塑性适合雕刻或模压成小型的精巧茶壶。

中国早期出口茶壶的形状呈圆形，略矮胖，一边是圈形把手，另一边是笔直或弯曲的壶嘴，顶上是圆拱形顶盖。欧洲有两件这样的紫砂壶可追溯日期：荷兰格劳宁格博物馆的一把茶壶上有天启（1621 ～ 1627 年）的印记，还有已经缴税的记号；伦敦维多利亚与阿尔伯特博物馆里一把嵌上洋式金属架高身茶壶上有丁卯（1627 年）年制的印记。历年来宜兴茶壶的大小和造型有各种异想天开的变化，有壶口和把手的微妙差异，有总体造型的不同，有的像水果，有的像一段竹子，有的像一个瓜。由于紫砂土适合雕刻，可制成各种形

布包印绶形茶壶，龙头壶口。1990 年代初宜兴制。

状，如今宜兴陶瓷业仍在继续发挥这种特质。

欧洲陶匠很快就开始尝试仿制紫砂茶壶。到1680年，荷兰陶匠造出了很好的仿制品。德国迈斯也紧随其后，波特格造出了同样形状和图案的茶壶，先是紫砂壶，然后约在1720年制成真正的白瓷茶壶。宜兴茶壶出现在20年后的英格兰，斯塔夫德郡的陶工就造出了高温烧制的紫砂仿制品，连嵌在壶身的压模小枝造型枝条也惟妙惟肖。

宜兴陶工正以模压方式制造茶壶，1982年。

虽然中国和欧洲的紫砂茶壶看起来有点相像，但制作方法完全不同。在17世纪末压模方法出现以前，中国宜兴茶壶是用手工以九牛二虎之力刻制而成的，此后手工和压模两种方法在不同时期交替流行，直到现在。最精致的手工茶壶用手在其表面用力摩擦，压紧黏土，使之微微发光。欧洲的茶壶用注浆浇铸的方法制成，黏土稀释成乳酪状，倒进模子，使之变硬成适当的厚度，把多余的注浆倒出。中国和欧洲的茶壶都是在半干时加以装饰，也有少数例外，除了对装饰细节偶尔有所要求外，一般都不上釉。

宜兴陶工在修整茶壶的底部，1999年。

这些陶瓷的设计互为影响，有时这种影响是间接的。伊朗和中亚金属器皿的造型和装饰对早期陶瓷设计的影响彰明较著。16世纪与欧洲开始接触时，中国按照客户要求制作瓷器已有很久历史，因此不久就出现了新的造型和装饰。

瓷器造型与装饰的配搭有时候很不协调，尤其当造型和装饰受到不同源头的影响时。中国出口陶瓷的形状也许模仿金属或玻璃器具，而装饰图案可能取材自中国、西方，或两者混合。鉴别一件瓷器是否专为欧洲市场而造，有时很困难，因为中国传统主题也会在欧洲流行，这样的产品可能是为两个市场制作的。最成功的瓷器造型和装饰应该浑然天成，互相衬托，而不是生搬硬套。

到 17 世纪中叶，中国瓷器不仅是高雅的装饰品，而且由于供应大，成本降低，也更派用场。大多数外销瓷是大批生产的，而为西方餐桌度身订造的瓷器也越来越多。这些特殊的瓷器叫“订制瓷”，由于设计、订购和付运需要更多时间、精力和资金，所以带来的利润更高。

订制瓷一般通过在船上占有货运空间的官员和押运员，以私人贸易形式出口。订制瓷要冒很大风险，因为根本不能保证交付的货色完全符合要求，有时候还得在两年后才交货。订制瓷所用的样本，可以是着色的木造模型，也有银制但多半是锡镴质的样板，或者是原件（也许是德尔福特瓷），并提供所需的纹样或图画。在 1700 年以前，通常只有造型或图案符合订制要求，两者都符合的并不多见。但到 18 世纪，成功结合不同风格造型和装饰的中国瓷器大量涌现，尽管成功的程度不一。到 18 世纪末，订制程序更简单，效率也有所提高，因为有不同花边和设计的现

1800～1810年景德镇的奶油罐，高8.7厘米；1795～1810年景德镇的瓷盘样板，直径25.1厘米。温特图尔博物馆藏，Henry Francis du Pont 赠，66.589。为使订购过程更有效率，买卖双方更容易沟通，景德镇瓷工制作了不同设计的样板。样板上有许多边饰，反映了当时欧洲流行的新古典主义风格。小茶杯也提供了许多边饰图案以供选择，甚至有描金盖钮。温特图尔博物馆藏，John Mayer 夫妇赠，73.241。

成瓷杯和瓷盘作样板，欧洲客户可以知道他们订制的到底是怎样的货色。

有史以来，全世界不同地区的人会使用各种不同的器具饮食，器具的材料取决于环境和场合。在18世纪前，木材、陶器和锡镴是欧洲餐桌上餐具的常用材料，但富裕的人和贵族能用上锡釉陶具或银制品。随着16世纪中国瓷器的进口及其数量越来越多，形成了全新的饮食方式，并于17世纪末达到顶峰，产生了所谓“饮食革命”，饮食已成为一种社交活动。

套装餐具，包括整套造型和图案统一的餐具，可能还配上诸如烛台、牛油碟和上菜盘等附件，在陶瓷生产中出现较晚。实际上，18世纪以前欧洲人并不用套装餐具。在中国，记录显示嘉靖（1522～1566年）年间欧洲人从景德镇订制过大量同样形状和图案的餐具。1597年的《江西通志》记载，单单1555年就订制了三万多件内外绘有云龙纹的餐具。这是否订制物品的全部，是否能叫“套装餐具”，尚有疑问，但许多餐桌因这些餐具而格外生辉却是不争的事实。

对零星记载中的欧洲早期套装餐具，我们所知甚少，根据上述定义这些能否算是套装餐具，也难以确定。但有些餐具的确包含了汤碗、盐瓶和糖罂等附件。法国路易十四和其他欧洲王室都拥有套装银餐具，很可能就是18世纪初从中国订购的瓷器的原型。

在17世纪，中国陶匠也生产各种西式造型的瓷器。运货单上记录着大量餐具，一抵达欧洲便根据市场对款式、大小和价格的不同要求，组合为套装餐具。其中也有芥末瓶，在1643年沉没的“哈察”号上就发现了十个。有一个甚至还有中文款记，使人怀疑这种器皿也许会用于“哈察”号拟前往的巴达维亚中国人社区。中欧贸易转口中心华洋杂处，某些奇特的跨文化厨房陶瓷用具可能也有市场。

10世纪初的糖罂，高17厘米。糖罂本来是西洋用品，中国供外销的糖罂，根据荷兰或英国早期的银制品仿制。私人收藏。

汤盆和调味瓶都是17世纪的欧洲款式，尚未见于18世纪前的中国瓷器，18世纪初它们才作为套装餐具的配件进入欧洲。汤盆通常放在碟子或座托上，这些碟和座许多已经不存。调味瓶多少与汤盆相关，但调味瓶体积一般较小，以方便倒出调味料。调味瓶可能两边都有小把手，中间是瓶嘴，或者一边有一个较大的把手，另一边是瓶嘴。在1752年荷兰“盖尔德麻尔森”号沉船上发现了汤盆和调味瓶，还有其他各种餐具。荷兰东印度公司在每年的瓷器订单中，指定套装餐具应该有哪些器具，但现实中一般都是包罗广泛的，如1751年的订单是这样开列的：15件三种不同尺寸的上菜盘，8个圆形和2个八角形的沙拉盘，24个两种不同尺寸的碟子，100个西餐大盘，4个烛台，4个盐瓶，2个牛油碟和2个调味瓶。不知何故，未包括汤盆。

除了这张订单上的瓷器外，其他不怎么常用的餐具是根据西洋锡镴、陶或银制模型仿制的。糖罂、木柄杓子、油罐和醋瓶、冰桶、放奶黄的杯子、汤勺盘、有人面的杯子、水罐和银器把手，中国的陶匠都仿制得十分出色，间或有别出心裁的创意。其中一件根据迈斯原型仿制的独特餐具，是一对巨大的彩色高脚果盘，上有一个镂空的大

（左下）1700年的套装调味瓶及托盘，高13.5厘米。调味瓶通常是餐具的配件，除了托盘外一般有两至四件一套。两件装通常是油罐和醋瓶，这里的三件装可加上一个芥末瓶，四件装再增添一个胡椒瓶。私人收藏。

1770～1780年的汤勺盘，宽12厘米。私人收藏。

碗，立体的小孩雕像爬在树干似的高脚上。

由于茶是英国上流社会的首选饮料，比咖啡和巧克力更名贵，需要适合泡茶，能衬托出茶的微妙色彩和芳香、增强品茗体验的茶具。欧洲的木质、金属、陶和玻璃器皿都不适合泡茶，不得不从中国订购瓷器茶壶、茶杯、杯托、奶壶、茶叶罐和盛载这些东西的茶盘。

瓷器茶壶有各种形状。早期款式仿照中国的酒壶制造，一边有高高翘起的固定勺形把手，一边是壶口。后来更常见的是一边有环形把手，另一边是笔直的或弯曲的壶嘴。类型多样，有标准的球形，有多面形，有的像形形色色的物体（如一段毛竹），有的是具有两重壶壁的网纹壶。

茶杯也有各种形状，有的弧形杯身，有的有盖，有的

（页112右）18世纪初中国和法国圣克劳德的五件装盐瓶，高（左后）6.5厘米。盐瓶是重要的餐具，这五个盐瓶说明了中国和欧洲制品各放异彩。它们都是西式设计，可能以银质、镴质或陶质盐瓶为蓝本。右前方的是圣克劳德制品，其余四个均是中国制，有两个刻有圣克劳德标记，右后方的是一对中国制盐瓶之一。私人收藏。

有高高的杯脚，有的有两个把手。中国的茶杯一般没有把手，欧洲常用的是单把手，但没有把手的茶杯也很流行，也许因为它们具有异国风味。有把手的茶杯本来是用来喝咖啡和巧克力的，这些饮料不像茶那样跟中国关系密切。在欧洲，巧克力和咖啡壶用银制成，也仿制成中国瓷器的模样，但它们的订购数量不及茶具。

17 世纪的买家可以接受一个套装茶具中混合各种不同的款式，但到 18 世纪中叶，造型和图案统一的成套茶具开始流行。订购这些茶具时，可以从其他外销瓷中挑选相同的款式，如白地蓝色图案、釉上彩、伊万里彩或描金。也有从景德镇把未加装饰的瓷器发往广州，以便尽快根据订

（左）1710 年的网纹茶壶，高 13.5 厘米。网纹外壁使茶壶看起来既轻巧又复杂。网状装饰的中国瓷器早在 17 世纪中叶已外销荷兰。私人收藏。

（右）1690 年的带把手茶壶，高 18 厘米。私人收藏。

购要求配套和加上装饰。更有把素瓷运往欧洲，然后加上不同风格的装饰。

巴达维亚瓷（当地是瓷器转运至欧洲的荷兰转口中心，因而得名）属于一种比较罕见的装饰色系。这种风格从17世纪末到18世纪中叶开始流行，瓷身复以一层或淡或浓的铁棕色珐琅釉，这种釉彩在中国明代开始使用。在欧洲管称之为“奶咖啡色”或“枯叶色”，在美洲则直接称为“棕釉瓷”。棕珐琅复罩杯子和茶托的外部，未施珐琅的地方或呈扇形、叶形，或圆圈形，而内施釉下蓝或釉上彩绘画的花草和风景。瓷器本身一般较坚固，质素不特别高，荷兰东印度公司的记录上所列的，多半是这类“咖啡室瓷”。

另一种受欢迎的类型是装饰瓷器，即用来展览陈列的套装瓷器。它由不同形状的广口杯和有盖瓶组成，一套数

1730～1740年巴达维亚茶壶及茶杯，高8.5厘米。私人收藏。

1725 ～ 1745 年的套装茶具，在荷兰绘上花篮装饰图案，牛奶壶高 13.5 厘米。从这套茶具可见花篮图案的传布范围。在中国制大型彩釉克拉克瓷盘上（参见页 52），可看到早期类似的花篮图案，可能是后来装饰的摹本。私人收藏。

量通常是单数，大都以青花图案，后来则用上珐琅彩。法国人把它叫做“点缀品”，顾名思义就是用来装饰的。其中一只广口杯是中国传统造型外销瓷中少见的，其形似商代（前 1500 ～ 1050 年）的青铜器，鼓起的圆腹有各种图案。在中国的庙宇、客厅或神台上也常用上 3 ～ 5 件这样的套装瓷。装饰瓷器在 16 世纪末出现在欧洲，并流行不衰，德尔福特的荷兰陶工直到 19 世纪还在仿制中国装饰瓷器。

在欧洲，装饰瓷器由四到七件组成，最常见的是三个瓶和两个广口杯，但各种数量都有。装饰组合中的配件在图案上可以统一，也可以不统一，但造型一般相配衬，有些装饰组合是收藏家个别买来配套的。装饰瓷器摆放在橱柜、架子或壁炉架上，天气暖和时甚至也放在壁炉里展示，因此法语里常用“壁炉点缀品”来描述这种装饰瓷器。

除了装饰瓷器外，欧洲人也摆设从中国订购的人物和动物瓷器。陶像在中国有悠久历史，西元前 3 世纪中国秦始皇陵的陶俑，汉代用作镇墓的生动的陶狗都是明证。这些塑像通常用模子压铸而成，几乎都是为墓葬或祭祀鬼神而造的。不过到 17 世纪，彩釉鹦鹉瓷像等装饰瓷器开始针对出口市场制作。这些鹦鹉像在欧洲非常流行，德尔福特陶工在 1730 年代就开始仿制，有的仿制得一点不走样。其他鸟类塑像有野鸡、鹰和中国特有的凤凰，大多数瓷像都上了明丽的彩釉，为 18 世纪中叶欧洲的装饰景观增添了异国色彩。

这类瓷像有欧洲商人和政治家，乃至骑马人像，但动

1710～1730 年的景德镇瓷瓶，典型纹样，高 45.7 厘米。这套由三件有盖瓶和两个广口杯组成的装饰瓷器，属于釉下蓝加上铁红面釉的中式伊万里风格。与其他来源不一的装饰品不同，这五件装饰品上统一的图案说明它们是套装制造的。温特图尔博物馆藏，Leo A. and Doris C. Hodroff 赠，01.15.006.1-5。

一对凤凰，1820年，高47厘米。在欧美，精致的鸟类塑像是流行的装饰瓷器。现实的老鹰、小鸡和野鸡等，幻想的中国皇后传统象征凤凰都有。私人收藏。

物像数量较多，也较受注目。不同种类的狗像装饰品也造得活灵活现，还有更多动物造型的汤盆和其他实用器皿。殷弘绪在1712年的信中，解释了用模具制作大型动物像的过程。复杂的制作过程显然给他留下深刻印象，但他形容这些欧洲人经常订制的物像为“怪里怪气”。

一件制成水牛头模样的瓷汤盆倒符合这种说法。水牛头的上半部是汤盆的盖，牛角形成宽宽的拱形。上了逼真的彩釉，微微张开的嘴，巨大的鼻孔（有些造型鼻孔还可以冒出蒸气）和充血的眼睛，用这种水牛汤盆来盛汤，似乎很难刺激胃口。还有一个汤盆造型是只大老鼠，配上状如小鼠的调味瓶。许多动物造型汤盆有盆托，上面画着该动物的平面图像。这些瓷器反映了欧洲餐饮习惯的变化：进餐既是日常需要又是一种享乐。可以想像，当这些汤盆端上餐桌时，女主人会听到客人什么好话！

还有一种奇特的造型是青花瓷猫，如果把盖子（猫头）盖上，看不出这其实是一只尿壶。尾巴充当手柄，蓝色斑点使它看起来像花斑猫。殷弘绪神父1712年的信中也提到一件猫状瓷器，但说它的用途是灯。猫头里点上蜡烛，光从两眼冒出，夜里能吓退老鼠。在“哈察”号沉船上也发现了这样一种瓷器。

中国陶工善于仿制欧洲商人要求的任何东西，只要给予明确易懂的指示就行。其他造型奇异的外销瓷还有展示手表的盒子、装在手杖上的手柄、洗眼杯等。一个刮胡盆的边缘有个半圆形缺口，让理发师把它放在顾客的下巴，以免弄脏衬衫。有的缺口对面有两个洞，可以把盆系紧。

另一款西式造型是扇贝齿边大碗。那是英国人在17世纪末发明的，叫“凹口碗”（monteith），其名称可能源自一个惯穿扇贝形凹口饰边披肩的古怪苏格兰人Monteith先生。

1850－1860年景德镇水牛头造型瓷汤盆，高38.15厘米。欧洲人特别要求制作动物造型的瓷器，尤其是这种汤盆。鼓起的眼睛和鼻孔可冒出蒸气，肯定会吸引餐桌上众人的眼光。讲餐不仅为了吃，还成了一种娱乐。温特图尔博物馆藏，Henry Francis du Pont赠，66.568。

1830～1850年的景德镇尿壶，高19.7厘米。这只形状奇特的猫，与其他雀鸟之类的装饰瓷器不同，具有特殊功能。合上盖子，它只是一只猫像，把猫头移开，就成了尿壶，尾巴充当把手。温特图尔博物馆藏，Gertrude Brinckle and Gertrude Rodney小姐赠品64.147a，b。

这种凹口碗的作用是冷却酒杯，把酒杯脚卡在凹口边，让杯浸在盛了冰水的碗里冷却，凹口边能使酒杯不致沉入碗里。这种形状可能是模仿德尔福特的类似陶瓷，而这种德尔福特陶瓷也许是根据一种古老的英国银器仿制的。

18世纪末的刮胡盆，直径35厘米。刮胡盆边缘的半圆缺口，可安放刮胡者的下巴。它的中央图案模仿欧洲纹样，但宽边是中国风格的装饰。私人收藏。

最怪异的瓷器也许是“布达罗”，这是一种一边装有把手的椭圆形碗，可能有盖，现在大都不存。这是妇女

用的可携式夜壶，也许供“紧急”情况使用。名称的出处不详，但有说来自一个法国神父路易·布达罗（Louis Bourdaloue），他的布道出了名的冗长。

在各种形状和造型之外，也有各种颜色和装饰图案。

1700～1720年的凹口碗，长51.5厘米。凹口碗形状至为奇特，用以盛载冰水，让酒杯脚卡在边上，杯身则浸在水中冷却。中式的青花花卉图案和边饰，与醒目的欧洲家族纹章浑然一体。在18世纪，凹口碗用陶瓷、玻璃和金属制造，后来随着饮酒习惯的改变而不再流行。温特图尔博物馆藏，Henry Francis du Pont 赠，60.763。

如前所述，从1680～1725年，五彩瓷在出口市场很流行，但时间不长。新的颜色开始出现，1720年，一种新的颜色图案颇获青睐。粉彩瓷由于主要使用淡雅粉润的釉彩而得名，这项技术可能源自在金属上涂珐琅彩的西方传统。不过，最动人的变化不在颜色本身，而在颜色的应用。一种新的不透明釉面珐琅与各种颜料混合，产生深浅不同的效果，令瓷器画匠可以做出通常用于平面画的阴影效果。由此可见，中国陶工不仅能制造欧洲商人要求的许多样式，而且也在实验新颜料的用法，以便能把西方传统绘画搬上瓷器。

（左）18 世纪初大型五彩碟，直径 28 厘米。17 世纪末的五彩瓷以釉下蓝装饰，但后来被一种清澈的蓝珐琅釉取代，因为可以一次施加所有釉上彩，效率更高，因而更便宜。但这种釉面蓝无法做出珐琅彩那种强烈的感觉。私人收藏。

（右）1725 年粉彩鹌鹑纹盘，直径 23 厘米。David Overall 外销瓷。

五彩瓷和伊万里瓷用釉下蓝装饰，一般在景德镇制造。粉彩瓷往往在广州制造，以便更灵活和更快处理订单。如前所述，素瓷从景德镇运来广州装饰，但有些釉下蓝瓷也许因库存太多，会加上粉彩，以使表面看来具有统一的颜色和图案，造成套装餐具。

要区分粉彩瓷与早期的“广州珐琅瓷”并不容易，后者的特征是强烈的对比色，以鲜红、粉红和绿色为主色。不过，后来用上大量描金，特色更为明显，并名之为“广彩”。这种华美的瓷器并不符合中国传统口味，在中国不是主要收藏对象，但它们是广州博物馆中重要的本地工艺藏品。在中国的博物馆中，广州博物馆最有兴趣收藏为国外客户制造的工艺品，自是理所当然。

除了釉彩，风景和纹样也是瓷器装饰的一部分。特别

1851～1861年绘有蝴蝶、孔雀和其他鸟类纹样的广彩盘。据广东省博物馆，《广彩瓷器》，北京：文物出版社，2001。

订制的瓷器，尤其是套装餐具，主题多元多样，画工用上中国和欧洲绘画作为蓝本。从16世纪中叶开始，洋画被复制到瓷器上，1700年以后这情况更普遍。随着中国瓷器画工为了应付各种要求，累积了丰富经验，仿制品的质量也大大提高。

中国艺术传统中没有透视法，或以深浅层次表现物件立体感的概念。中国画中的线条极为重要，反映书法与绘画关系密切，两者使用同一种工具——毛笔。因此，早期欧洲人要求在订制的瓷器上绘上简单的图案，大都效果不俗，但到较复杂的图案就不大能保证了。

在伦敦维多利亚与阿尔伯特博物馆，一个玉壶春瓶嵌上描金瓶颈和瓶口上面有葡萄牙文题辞。肩部的文字说明这件瓷器是1552年制造，并附有葡萄牙海军上校兼商人乔治·阿尔瓦雷斯（Jorge Alvares）的名字。瓷器的图案基本上是中国传统设计，但那时画工不懂西文字母，把文字倒转了来写。

绘画技巧有所改善，部分可归功于来自欧洲的天主教传教士，如耶稣会画师奎赛普·卡斯蒂格里昂（Guiseppe Castiglione，1688 ～ 1768 年）。他漫长的传教生涯受到清朝三代帝王眷顾，也是雍正（1723 ～ 1735 年）景德镇御窑主管的朋友。1736 ～ 1753 年，技术精湛、尽忠职守的唐英担任督窑期间，瓷器品质得以不断改进。

18 世纪时中国瓷器出现各种景物，有些景观显然是从欧洲画师那里学来的“中国风格”，那是出于幻想和旧有的亚洲形象。许多主题景物也描述了欧洲的日常生活或具体事件，如猎狐、农耕和休闲，主要画在瓷盘上，有时也画在其他器皿上。风景中偶尔也出现一幢富有特色的建筑。

有一种叫做“出岛”（日本只允许荷兰在长崎港贸

1780 ～ 1790 年的茶托，直径 12.2 厘米。这个茶托上的中国图案明显用了西洋画技巧如明暗法、透视法等，可能受到宫廷西方传教士画家影响。私人收藏。

易，这是长崎港的贸易站）的瓷盘图案真实地反映了在耕作的荷兰人，虽然，那也许只是一幅田里有人，远处有村落的风景画而已。荷兰人把这种风景叫“席凡宁根”（Scheveningen，荷兰海边度假胜地）画，因为它令人想起荷兰的城镇。画中的建筑和云彩稍有不同，似乎是在中国还是在日本制造，围绕中心风景的边饰也会有不同变化。在越南南部海岸附近沉没的中国“金瓯”号上发现了这种图样，如前所述，“金瓯”号失事可能发生在1723～1735年。

套用到瓷器上的景物，包括在1734年受荷兰东印度公司委托的阿姆斯特丹画家康纳利斯·普荣克（Cornelius Pronk，1691～1759年）的画作。他的画作中，最著名的《撑阳伞的女士》，被复制在中国和日本瓷器上，原作如今收藏在阿姆斯特丹国立博物馆。普荣克的风景也许取材自各种亚洲和欧洲的艺术品，经改造形成一种既勾起东方幻

1700～1710年的“出岛”瓷盘，直径22厘米。虽然以日本长崎的贸易岛命名，但景观却可能来自荷兰的风俗画。这图案出现在中国和日本瓷器上，在欧洲很流行。1723～1735年沉没的中国“金瓯”号上也发现这种瓷器。私人收藏。

想，又迎合欧洲口味的风格。青花瓷和伊万里彩瓷的洋化造型瓷盘，在宽阔的边口上有一种复杂精细的“蜂房”图案，画着撑阳伞的女士和雀鸟。中国陶工也把这种图案改造得稍有不同，使之更具中国格调。其他瓷盘的不同造型和边缘图案，也使人想起普荣克风格，那是他的许多图案设计的特色。

人们认为佛兰德艺术家大卫·特尼斯（David Teniers，1610～1690年）的画催生了一种瓷盘图案，瓷盘上画的是在室外围着桌子打牌喝酒的农夫，其中一人正与侍女说话。前景中小鸡在漫游，边缘上几何菱形图案形

1740年的普荣克阳伞图案瓷盘，直径23.5厘米。私人收藏。

成四块空间，其中是中国风格的景色。边缘内圈是波纹界线，继承了第一章所说的缠枝纹图案传统。

另一主题风景画的是樱桃采摘者，画在 18 世纪末的茶托上，画中一人彷佛漂浮在一把梯子旁，把樱桃向下递给一个女人，那女人用围裙收集樱桃。这是仿自尼古拉斯·庞塞（Nicolas Ponce，1746 ～ 1831 年）根据皮埃尔—安东尼·波杜因（Pierre-Antoine Baudouin，1723 ～ 1769 年）的一幅画而设计的图案，但中国画工把景色简化了。樱桃树也很特别，绿叶闪闪发亮，成串樱桃看上去像从树干向上一排排直接生长出来似的。构图稍有分别的同一主题在荷兰本

1740 年的大卫·特尼斯（1610 ～ 1690 年）风格瓷碟，直径 23 厘米。私人收藏。

18 世纪末樱桃采摘者图案茶托，直径 10.5 厘米。私人收藏。

来就很流行，在当地，果树（尤其是大型果树）可能是奥兰治家族统治的象征，早在 1740 ～ 1750 年，就有不同版本描画在中国的外销瓷上。

有些风景中能看到建筑，可能与风景来源有微妙的关联。带有伯利别墅（伊莉莎白一世时代的英国豪宅）图案的青花瓷盘肯定是别墅主人艺术品味的合理延伸。伯利别墅由伊莉莎白一世的发言人兼首席顾问威廉·塞西尔（William Cecil，后来成为伯利勋爵）建于 16 世纪下半叶，到 18 世纪时经过复修。别墅大量收藏绘画和挂毯，还有东方瓷器，1688 年的库存清单最早提到日本瓷器和中国

瓷盘上的伯利别墅，1745年，直径23厘米。David Overall外销瓷。

雪瓷。图案中的建筑正面很好辨认，自然景物主要是树和鸟，树叶就像“樱桃采摘者”瓷盘图案一样异乎寻常。

带有宗教景物的外销瓷器过去叫“耶稣瓷”，是指16世纪中叶天主教订购瓷器以后出现的宗教瓷器。这些瓷器的灵感来自不同源头，有《圣经》的插图和版画，有德尔福特瓷器上的宗教场景。这类瓷器似乎是为亚洲（尤其是日本）和欧洲市场设计的，因为殷弘绪神父在1722年的信里这样写道：“有人从一家大商店的废物堆中为我捡来一个小瓷盘，我认为它比数千年来制造的最好瓷器更有价值。盘子底部在圣母玛利亚和圣约翰之间画上了耶稣受难像。

他们告诉我，曾运过这样的瓷器去日本，但最近十六七年已没有了。”

除了杯和盘上发现耶稣受难像外，其他宗教主题有基督升天、复活、受洗和降生。更不寻常的图案是宗教历史人物马丁·路德（1483～1536年）像，他是德国神学家和宗教改革领袖。这些宗教场景，东方陶瓷专家克利斯蒂安·约格（Christiaan Jorg）追溯到荷兰艺术家简·卢金（Jan Luyken，1649～1712年）的系列版画，它们出现在1734年在阿姆斯特丹出版的《路德会圣经》。马丁·路德像印在《圣经》的扉页，后来也出现在外销瓷上。

瓷盘上基督降生的墨彩，1740年，直径23厘米。David Overall外销瓷。

马丁·路德像的墨彩瓷盘，1740年，直径23厘米。这个新教改革家的图像放在基督及其门徒的小图上面，说明中国出口的宗教瓷器并非全受宫廷西方传教士画家影响。David Overall 外销瓷。

彩绘瓷和青花瓷也有这类宗教场景，并常以纤细的黑色线条绘画，在西方叫做“en grisaille”或“encre de chine”（墨彩），这类瓷器也称为“黑笔瓷”。也许对宗教主题来说，首选的是较沉实的处理手法，也更能模仿黑墨版画的色调，但偶尔也会加上金色或淡彩瓷釉。瓷绘的精细线条，可以重现绘画的每一个细节，使复制欧洲绘画和版画达到新的精密水平。外销墨彩瓷的日期也有赖殷弘绪神父于1722年的信函得以确定。他描述了使用墨彩的难度，说明在此年份之前不可能使用墨彩：

“他们曾试图用最好的中国墨来绘制花瓶，但没有成功，瓷器烧出来后尽是白的。由于这种墨彩的浓度不够，加热后松散不存。实在地说，是墨彩未能渗透进釉层，产生不同于素坯釉的颜色。”

瓷器上的墨彩技术不久就得以改善，这类画工精细的瓷器表现出不同的主题，1730年代后在欧洲非常流行。

在18世纪中后期，神话场景在欧洲大行其道，因此必然也出现在中国的外销瓷上。但中国画工在仿制欧洲神话场景上的艺术局限很明显，尤其在表现女性裸体图案时。这些图案大多以釉上彩绘画，画工对解剖学的无知造成图像的比例非常可笑。

在描述“巴黎审判”（在古典神话里这事件最终导致特洛伊战争）的瓷盘上，特洛伊王子帕里斯坐在左边，准备选维纳斯为三女神中最美者，其他两位是朱诺和密涅瓦。在右下方，丘比特用力拉扯维纳斯的斗篷。显然，在这故事画中没有一个是美丽的，因为一个女神的肋骨画在背上，胸部和膝盖只是挂在躯体上的黑色圈圈。另外，帕里斯落到胸口和腿上的白色长袍就像松弛的皮肤皱褶。不过，出于不同画工之手，一众男女神的形象还是互有优劣的。

一个杯子内壁描画的“云端朱庇特”处理得稍好一些，朱庇特坐在鹰背上，手持雷电，但也出现了奇怪的圆点花

1740～1750 年的“巴黎审判”图案瓷盘，直径 23 厘米。私人收藏。

纹。墨彩比一般彩绘显得更为细致。相同的画法也见于一个茶杯和杯托，朱诺坐在云端上，身旁有孔雀。两款绘画朱诺和朱庇特像的瓷杯都有取自 18 世纪初巴罗克图案的复杂边饰，但朱庇特瓷杯的边饰间或出现淡淡的铁红色。

外销瓷中，政治场景没有神话那么常见，可能是因为到订单完成时（也许要两年），贪新忘旧的民众对事件的意义早就淡化和淡忘了，但还是有一些非常有意义的政治场景。最早出现的也许是“鹿特丹起义”或“考斯特曼起义”

1740～1750年“云端朱庇特”图案的墨彩瓷杯，直径12厘米。私人收藏。

的图案，描述1690年8月发生在鹿特丹的一次事件。事件中考斯特曼拒绝缴纳货物税，导致税吏死亡，结果考斯特曼被判斩首。这事激怒了鹿特丹民众，他们发起暴动，推倒了法院大楼。起义的场景曾刻在金属器皿上，中国画工可能是根据金属器皿复制的。瓷盘和瓷杯上都作了很有意思的小变动：如房屋的数量，人物的行为，四周废弃物的细节处理，以及前景中炮轮的装饰作用。边缘的四处空白位上是中国图案：三处是水果，可能是一双桃子，另一处可能是灵芝，都是常见的装饰图案，象征长寿和永生。

1690～1695年的景德镇瓷盘，直径20厘米。政治场景不常见于外销瓷，因为订购运输的时间太长，但这个瓷盘却以1690年“鹿特丹起义”作主题。这事件使民众经久难忘，同时以徽章、印刷品和诗歌纪念。温特图尔博物馆藏，Leo A. and Doris C. Hodruff借出。

约一个世纪后，遥远的大陆出现了更有纪念意义的场景，就是美国的诞生。1776年《独立宣言》签署，约翰·特卢姆巴尔（John Trumbull）于1786年开始用速写纪录这次历史事件。整套画作后来经几位镌刻家仿制，例如亚瑟·B·杜朗德（Asher B. Durand）于1823年的版画，其中有一幅流入中国，被仿制成瓷器出口美国。现存多个仿制版本，其中一些是纪念1876年立国一百周年。中国画工对复杂的场景作了随意的改动，以迁就体积有限的彩绘瓷。签署者减到十来个，后面墙上的旗帜变成巨大、展翅的美国鹰，类似过去出口美国瓷器上的图案。画中绅士们都脱掉

1800～1815年的景德镇瓷瓶，高25.5厘米；1825～1850年的景德镇瓷碟，直径36.8厘米。根据美国独立宣言签署的名画制造，但作了重大改动。画里本来没有鹰，但由于鹰已成为中国外销瓷上流行的美国象征，花瓶和瓷盘上都绘有不同模样的鹰。温特图尔博物馆藏，Henry Francis du Pont赠品，63.710和66.652。

了假发，看起来有点像中国人，因此整个场景的格调跟原作相比颇有出入。

所有彩绘瓷上几乎都有花卉，因为世人莫不爱花，而且花的形态也千变万化。中国的审美传统中有大量花和植物主题，还有花鸟画，因此精致的花卉图案在瓷器上必不可少。从青花瓷上复杂的植物主题到18世纪极为精致的粉彩釉图案，花草植物是中国瓷器的永恒装饰。

同样，欧洲人也欣赏花草图案之美，中国瓷外销欧洲，也就开始了花卉图案的交流。1710年左右，中国青花瓷盘上的一篮子花卉，也用彩釉绘在17世纪中叶的景德镇瓷器上。这类图案在德尔福特瓷和砖瓦装饰中很流行，也见于在荷兰绘制的中国瓷器上。反过来，各种欧洲植物图案也出现在中国外销瓷上，那是根据样品摹绘的。

中国从印刷品仿制了一些有趣的植物，其中有一幅可能是康纳利斯·普荣克的画，他受18世纪末曾旅游苏

1755年的粉彩植物图案瓷盘，直径23厘米。这瓷盘估计受切尔西瓷器上的“汉斯·斯隆爵士”(Sir Hans Sloane)花卉图案影响，图案依照切尔西药圃的植物雕版制作。这里画工精细、颜色逼真的花卉是一种樱草花，饰边是此花的四个小茎。私人收藏。

1735 年的青花植物图案瓷盘，直径 26 厘米。图案估计受瑞士植物学家玛丽·西比拉·梅瑞安的印刷本影响，反映出双重的异国情调。瓷盘不仅是在中国制造，图案还可能来自康纳利斯·普荣克模仿西比尔在 17 世纪末对苏里南热带植物的研究。私人收藏。

1685 年中国风格的花卉瓷盘，直径 15.9 厘米。精致的中国花卉蓝色图案，对欧洲人明显富异国风味，其简约及对边缘的留白是典型的中国审美特色，与西比尔浓重的欧洲植物图案形成强烈对比。私人收藏。

里南的瑞士植物学家玛丽·西比拉·梅瑞安（Maria Sybille Merian）作品的影响。她描绘了异国花卉，还画了一种模样奇怪的毛虫。仔细的画功，欧洲绘画的明暗和透视技术，都一一表现在碟子上。互相交缠的叶子边饰让人忆起普荣克的画作，很具装饰性，只是相对起中心的花卉图案，显得冗赘了一些。

在按指定要求烧制的器皿中，也有加上徽号的纹章瓷。纹章是识别等级的一种制度，最初在欧洲战争中使用，在盔甲盖住战士脸部时作为辨认的手段。此后，装饰

1750～1755年普鲁士弗里德里克大帝纹章汤盆，长35.5厘米。这个有四十个盾牌、令人印象深刻的纹章，透露了霍亨索伦王室的纹章史，据说是为普鲁士东印度公司的创办人，即国王订购的，但整套餐具在运输途中毁坏。温特图尔博物馆藏，Leo A. and Doris C. Hodruff 赠品，00.61.38。

在盾甲和旗帜上的盾形纹章继续流行，超越了原先的意义。内容与用色都有一定的标准和规定，使用在纺织品、碑石，以至套装餐具等物品上，作为家族和组织的标记。

葡萄牙人率先意识到可以在瓷器上加上专用的纹章，最早的纹章瓷器是他们要求制造的。葡萄牙国王曼纽尔一

世（1469～1521年）的王室纹章早在16世纪就用釉下蓝绘制在中国式的大口水罐上，上面的图案可能根据一幅画、一枚硬币或一枚勋章仿制，但从大都会博物馆的大口水罐所见，图案颠倒了，底下的王冠应该在顶上，也许在中国画工看来，让盾牌看起来像钟似乎更合理。

17世纪末以前，以釉下蓝绘画的瓷器一直占贸易市场

1540～1545年为葡萄牙市场制造的中国大口水罐，高18.7厘米。这个大口水罐反映了中国外销瓷新兴市场带来的多方面影响。它在景德镇制造，伊斯兰样式，而王室纹章装饰则源自葡萄牙。厚重的蓝釉使它看起来好像景德镇早期的青花瓷。大都会美术馆，Helena Woolworth McCann收藏，购置品。温菲尔德基金会赠，1961年，61.196。照片摄于2002年。

的主要地位，但这种画法不能恰当处理彩色纹章。但随釉面珐琅彩越来越容易得到以及颜料数量增多，有利于复制纹章所需要的精确细节和颜色。这些图案可能根据订单一起送来的绘画或印刻藏书票仿制。精细的绘画或清晰的印刻，加上对用色的文字注解，使画工更容易掌握客人的要求。

纹章瓷在欧洲颇为流行，尤其在英国，受英国东印度公司取得制海权激发，对它们的需求在1720～1830年间达到高峰。这方面公认的专家大卫·霍华德（David Howard）鉴定了约4 000件纹章瓷，还有几千件尚待鉴定。具有统一图案，包括家族纹章的瓷器餐具可能有三百多套，形式多样，包括盘子、汤碗、牛油碟和烛台，少数几套完整地保留到今天。对个别瓷器纹章的鉴定与其说是艺术历史问题，不如说是家谱研究问题。

一件用红和蓝色绘制，标有英格兰科顿李氏（Lees of Coton）家族纹章的瓷盘边缘，画上了伦敦和广州的风景。这件瓷盘的制造日期约在1733年，图像反映了两个城市在对华贸易中的重要性。伦敦的圣保罗大教堂、其他教堂尖顶和伦敦桥的复合景色，与广州美观的城墙和疏朗的景色（这种风格使人想起中国风景画）相映成趣。

一件约1740年制造的英国大型浅盘，边饰是与别不同的徽号组合，伴之以迈斯风格的涡旋纹饰，内有村落和

1733 年的英格兰赛洛普郡科顿李氏家族纹章瓷盘，直径 32 厘米。瓷盘边缘绘上广州和伦敦两个城市的情景，两者都是 1700 年代最重要的对华贸易港。画工显然较喜欢画风格精致的中国港，相比起来伦敦图案显得呆板。David Overall 外销瓷。

1740 年的约克郡汤普森纹章大浅盘，直径 38 厘米。大浅盘中央是中国式花鸟纹样，迈斯风格饰边配上西方景色。中心精致的玫瑰彩画与欧洲风格的描金边、色彩浓郁的大纹章形成鲜明对比。私人收藏。

汤普森纹章细节。

海岸的主题风景。约克郡的汤普森纹章图案在瓷盘顶部替代了第四个涡旋纹，一直延伸到中心精致的粉彩釉绘花鸟图案。中国外销瓷往往使用迈斯风格的饰边，旨在跟流行的迈斯陶瓷竞争。中国制造的瓷盘经常带有迈斯风格图案，有时甚至在底部发现迈斯交叉剑的标记！

同样，一件约在1750年制造的瓷盘也是东西合璧。中国风格的景色中，一个女人骑在牛上，手里拿着竹竿，一只小鸟栖息其上，四边复制了艾塞克斯郡迈克尔斯都托堂纳撒内尔·加兰（Nathanial Garland）的饰章。与大多数18世纪纹章瓷不同，这个瓷盘完全用釉下蓝绘制，也许

1750 年的中国风景瓷盘，伴以艾塞克斯郡迈克尔斯都饰章，直径 22.3 厘米。围绕瓷盘边缘的饰章非常特别，尤其是配合青白相衬的中国风景图案。饰章和纹章往往有特定的颜色，而且线条精细，所以用釉下蓝绘制并不是最理想的选择。私人收藏。

因此只画上纹章上方的饰章而不是整枚纹章。纹章色彩丰富，也更难画。跟过去的瓷盘相比，这个瓷盘无疑是中国主题和英国纹章的奇异组合。

许多纹章瓷上都有精美的绘画，随着中国画工越来越熟习绘制复杂的纹章，效果更见精细。较为细致的有 1790 年英国市场上的两把茶壶，它们都有福赛特（Fawcett）纹章。另一件可能是销往美国市场的小茶杯，上面有简单但精美的通用纹章，纹章上有一对面对面的鸽子；蓝色镶边金色流苏的貂皮斗篷，字母交织的盾，以及杯口幼长的装饰线，说明其制作日期在 18 世纪末。

1757年为英国市场制造的福赛特纹章茶壶，高14和12厘米。David Overall外销瓷。

1790～1795年的通用纹章茶杯，高5厘米。为不常使用纹章的美国市场制造，小茶杯上的纹章绘上两个鸽子图案，也许象征婚礼祝福。貂皮斗篷是传统的纹章图案，但在特定的地方印上字母，表明谁是拥有者。私人收藏。

虽然数量较少但也被视为一个整体的纹章瓷在艺术上极有意义。纹章不只是装饰性图案，还具有历史真实性，也透露了瓷器的历史背景和可能的制造日期。到18世纪末，英国大家族都一度拥有的纹章瓷风光不再。时代和态度在转变，伍斯特、韦奇伍德，德比和斯波德等地工场的瓷器开始推出自行制造的趋时款式。不过，这时候美国市场发展迅速，中国外销瓷的重点开始转向大西洋彼岸。

锦上添花：瓷器修饰

中国和日本瓷器到达欧洲后，给加上各种装饰，这是由于风格、经济和保存等因素的需要，也是为了适应人们对本土和进口瓷器不断变化的态度及瓷器供应情况。大多数加工美化瓷器出现在 17 世纪末到 18 世纪中叶，其设计和品质精粗不一。

一些外销瓷在欧洲被镶嵌上贵金属，通常用金或银。它们往往只用作装饰，如花式支架、饰边或把手，但这些

1740～1750 年镶银中式伊万里茶壶，高 11.5 厘米。私人收藏。

金属装饰也可能改变瓷器的功能，可以使一件装饰瓷变得实用，或相反。例如瓷器人像装上贵金属后变成烛台。金属镶嵌也能保护瓷器的脆弱部分如壶嘴，或替换整个丢失的壶嘴或盖子。最精致的镶嵌有时还有签名和日期，补充了瓷器到达欧洲后的历史。

较为奇特的是加在中国和日本瓷器上的涂漆图案，这可能是模仿自德累斯顿奥古斯都二世收藏品中日本瓷器上的真漆图案。由于奥古斯都许多日本真漆瓷器上的装饰有缺陷，欧洲漆工便试图自己制造日本漆，在并不确切知道用什么物料的情况下，尝试设计配方来模仿东方漆。一些补上真漆的中国瓷器现在还在德累斯顿，当中有些甚有想像力，不太成功的补漆使瓷器原先的图案也看不清楚，而最好的补漆则用金、红或棕漆增强了原先青花图案的效果。

欧洲画工以同样方式来美化中国运来的素瓷，或对已有图案的瓷器进行再加工。这个做法使欧洲人可以选择当前流行的图案，也能使本来由于图案不合潮流或有缺陷需要掩饰的瓷器派上用场。

到 1700 年，荷兰修饰工就开始把日本柿右卫门瓷器图案仿制到中国瓷和德尔福特瓷上。他们也在釉下蓝的中国瓷画加上釉面红、绿和金色，以产生伊万里风格的图案，而且还仿制五彩瓷和粉彩瓷。一些欧洲国家的瓷器画工在

1690 ～ 1720 年的两个德化白瓷狮子像，高 12.5 厘米。狮子像运到欧洲前未加装饰，但其中一个约于 1720 ～ 1730 年在荷兰用珐琅彩和描金装饰，并绘上模仿欧洲雕版的狩猎场景墨画。私人收藏。

1780年的两个景德镇青白冷水瓶，高23厘米，1800～1830年重新装饰（右）。其中一个在英格兰复盖上明亮的珐琅彩，几乎看不到原本的釉下蓝图案。私人收藏。

绘制西式和幻想出来的中国风格景色和花卉图案时，或会融合少量原有装饰，如在圈足上的釉下蓝围边。中国瓷的蓝色图案有时成为由多种颜色组成的新图案的一部分。另外，描金装饰使德化瓷器的乳白更为突出，或使青花瓷碗的边缘平添几分高雅。有些情况下，中国的彩釉装饰图案不是被覆盖，而是用陶轮镌刻（或覆盖后再用陶轮镌刻）来修饰，产生一种白色衬托釉彩的复杂对比图案。

虽然阿姆斯特丹是涂改中国瓷器的中心，但英国从 18 世纪初到 19 世纪也参与这门生意。大多数工场在伦敦，最著名的是詹姆斯·吉尔斯（James Giles）作坊，它在 1750 ～ 1780 年之间十分活跃。现存有签名的英国涂改瓷器很少，

在伦敦画家詹姆斯·吉尔斯的作坊（活跃于 1750 ～ 1770 年）涂改的景德镇茶壶，高 14.5 厘米。私人收藏。

在伦敦涂改的奶咖啡色景德镇瓷杯，1700 ～ 1710 年，直径 8 厘米。私人收藏。

以图案来鉴别制作者很不可靠，但用粉彩釉绘制的精致优雅的花朵、蝴蝶和昆虫是英国风格所常见的。人们认为其他类型的涂改源自其他英国工场，尤其是斯塔福德郡的作坊。

最近出版的一部关于这个课题的著作，引起人们对这些常被忽略和误解的彩绘瓷的关注。过去曾用“画蛇添足”这个贬义词来形容欲盖弥彰，甚至粗手劣脚的加工瓷器，现在这种用法已经过时。随着对这类瓷器的鉴别越来越精细，更多的赞赏肯定会随之而来。

出口美洲的瓷器

中国瓷器出口北美的历史与出口欧洲的历史迥然不同。西维尔保存着西班牙帆船贸易的记录，在里斯本、海牙和伦敦也能查阅东印度公司的档案，但美洲却没有一个实体机构控制自己的海上贸易。1775 年以前，美洲的官方贸易是通过伦敦进行的，殖民地的大部分商品由独立商人经营，小部分是走私货。因此，现存的贸易资料都分散在私人公司、机构、海关或税务局及个人通信中。美洲对华直接贸易的历史也许始于 1784 年，但北美早就对亚洲货物有所需求。如前所述，西班牙帆船贸易在 16 世纪末向新大陆运去各种奢侈品，还有第一批中国瓷器。此后不久，随着银矿开发及贸易的发展，墨西哥城成为世界最大、最富裕的城市之一。那时候的资料描述了私人家庭、政府大楼和教堂里的装饰性和实用性的中国瓷器，近年来的考古发现和私人收藏也披露了大量或破损或完整的瓷器，透露了当时的贸易状况。在18世纪，个人和组织甚至已订购精致的纹章瓷。

西班牙人在墨西哥享受亚洲贸易的丰硕成果时，北美东岸维吉尼亚的英国殖民者也开始接触亚洲商品。在17世纪，英国在对华贸易中还不是老大，因此这些货物无法大量运进殖民地，但纺织品、香料和部分瓷器不仅通过英国（英国是中介商，用荷兰人在阿姆斯特丹销售的商品供应殖民地），还通过直驶美洲东海岸的荷兰船只进口。从1619～1624年荷兰西印度公司成立，荷兰独立商人受烟草贸易的利润引诱，到维吉尼亚营商。其后，荷兰西印度公司在1646年之前一直垄断贸易，在大西洋航线上频繁来回奔波，就像荷兰东印度公司在东半球所做的一样。

保存下来的家庭财产清单和遗嘱，反映中国瓷器已在殖民地出现，文献中“瓷器”（china）有不同的说法，如“cheenie”和“chainey”，这些文献描述了各种可能来自对华贸易的餐具。维吉尼亚詹姆斯河畔遗址的考古挖掘找到了更有力的证据——各个时期不同品质的瓷器，多半带青花图案。1607年成为英国第一个永久殖民地、1699年以前是维吉尼亚首府的詹姆斯镇周围，以及1699～1781年间维吉尼亚首府威廉斯堡，是文人雅士居住的中心，在那里发现瓷器并不足怪。1615 年左右的克拉克瓷，类似 1613 年“白狮”号沉船上发现的瓷杯，以及更精致的 18 世纪彩釉瓷，说明中国出口瓷器在殖民地一如在欧洲那样广受欢迎。

新阿姆斯特丹是荷兰于 1609 年在新大陆建立的领地之一，那里的情况稍有不同。新阿姆斯特丹的发展不像维吉尼亚那么顺利，甚至到那个世纪末，1644 年在英国占领下成为纽约后多年，人口也只及维吉尼亚的一小部分。对华贸易也是间接的，货品须由荷兰从阿姆斯特丹的主要贸易口岸运来。成为纽约后，该城的经济依然主要由当地的富裕荷兰商人控制，他们紧密维系着社会和政治关系。财产清单和考古发掘显示当地确有中国瓷器，尤其在 18 世纪，某些关系广泛的荷兰商人及大家族收藏了大量中国陶瓷。

就像新阿姆斯特丹一样，新英格兰的殖民地发展得也比维吉尼亚慢，但随着早期农民改以航海和造船谋生，当地的海外联系便有所增强。其他港口如果能像新阿姆斯特丹那样买到亚洲货，只要接触到瓷器，应该会有更多中国瓷器在 17 世纪传到该地的证据，但考古和财产清单都说明它们的数量相对较少，原因可能是殖民地人信奉朴素的清教徒伦理，传统上对瓷器的兴趣也不及荷兰人。

在 18 世纪，所有殖民地的亚洲贸易都上升了，因为英国东印度公司取得了垄断，伦敦取代阿姆斯特丹成为亚洲货的输入港。

1709年，迈斯发现了制造瓷器的奥秘，随后其他地方仿制的软质瓷也流行起来，因此18世纪欧洲对中国外销瓷的需求开始长期缓慢下降。不过在殖民地，财产清单和报纸广告说明瓷器越来越流行，伦敦定期运来销售的瓷器品种与伦敦市场一样多。从其他渠道也能得到瓷器，如私人贸易、走私、家族联系或抢劫——商船仍然在抢掠他国商船。

在费城，本杰明·佛兰克林的餐桌上使用中国瓷器，乔治·华盛顿亦然，1758年华盛顿还为弗农山庄的新家订购了一套瓷器茶具。但此后，殖民地人开始卷入政治事件，大大改变了他们的生活及其在世界贸易的地位。

这时候的殖民地就像英国一样，饮茶是流行的消遣，英国王室强行征收茶叶和咖啡税后，殖民地缴付王室的税收份额越来越大。随着英国瓷器业日趋强大，越来越有利可图，英国也逐渐提高了对进口中国瓷器的征税。对殖民地人来说，这意味着价格上升，不公平的税收（尤其是他们在英国国会中没有代表）促使他们选择独立，他们要继续以已经习惯的方式来享受喜欢的饮料。1773年英国国会通过“航海条例”，否决殖民地直接参与国际贸易的权利，促使殖民地人在波士顿把东印度公司船上的茶叶扔进海里，这就是殖民地人进行反抗的著名事件——波士顿倾茶事件，它导致两年后革命战争爆发。

1783年，标志殖民地人在革命战争中战胜英国人的《巴黎条约》签订，美利坚合众国从此诞生，美国人能自由地进行对华贸易了。不久，一种新的创业精神促成了他们对中国的首航。1784年2月，重360吨的商船“中国皇后”号离开纽约，于1785年5月回国。这次首航非常成功，因此第二艘船巴尔的摩的“帕拉斯”(*Pallas*)号被征用去中国装运“中国皇后”号返航时未做好交货准备的瓷器。这批货由“帕拉斯”号运抵巴尔的摩，在这年8月登广告销售。由此开始了有利可图的对华贸易的竞争。

这种竞争并非没有风险。天气和船只安全无疑都是隐忧，但美国商人也需要累积直接与中国商人打交道的经验，搞清楚什么货物在两国市场最畅销。除了银条外，中国市场最需要的商品还有毛皮，尤其是产于北美西岸的水獭皮。运往中国的还有羊毛、焦油、烟草、时钟、人参和铅。

中国商人并不了解这个新的贸易国是怎么回事。“中国皇后”号押运员赛缪尔·萧(Samuel Shaw)知道中国人不完全了解美国人和英国人有什么区别。不过，当他出示美国地图，指出美国的疆土时，中国人便高兴地接受了这个新市场的代表，准许他利用中国的商品谋取厚利。

波士顿、塞伦和普罗维登斯等新英格兰港口捷足先登。这些港口已经在参与海运，具有船只、水手等装备，以及成功的贸易所需的技术、商业和外交管理等专业知识。纽约最终成为对华贸易的主要入境港口，接受转运到其他州的瓷器，但在1784～1820年，美国东岸的许多港口和商人纷纷要在贸易中分一杯羹。费城和巴尔的摩也参与其中，但较小的港口多半通过纽约间接获得商品。

从1790～1812年，美国船只在中美之间进行了四百多次来回航行，在1805～1806年达到第一个高峰，在广州装货的美国货船有42艘。到1810年，除了英国，美国对华贸易超过所有其他国家。另一个航运高峰是1818～1819年，有47艘美国船在广州登记；此前一年是瓷器进口的高峰。不同年份的贸易活动落差很大，但瓷器始终排名第四，仅次于茶叶、香料和纺织品。

瓷器在进口货上的排名也许不高，但它的出现还是为家里增添了一种反映社会地位的高雅。约翰·亚当斯（美国第四任总统）于1780年5月写给阿比盖尔·亚当斯的信表明，瓷器在那时的文化人中作为一种艺术鉴赏品而受到推崇：

“我必须研究政治和战争，以便我的儿子可以自由钻研数学和哲学。我的儿子们应该研究数学和哲学、地理和自然历史、造船学、航海学、商业和农业，这样他们的孩子才有权去研究绘画、音乐、建筑、雕塑、织锦和瓷器。”

正如前面提到的美中贸易高峰年份显示，19世纪初的商人依然有利可图。对华贸易高峰在1830年前结束，不过此后某些精致瓷器还在继续进口。除了毛皮，美国人还是很难找到中国人真正需要的产品，中国人希望他们以白银支付货款，这也是欧洲人一直面对的问题。

在1830年，英国商人和一些美国人开始使用从印度得来的鸦片购买中国货。虽然中国政府禁售鸦片，但鸦片在国内外某些集团的默许下，依然不断进口。开始于1840年的鸦片战争导致中国战败受辱，贸易商品的品质和数量进一步下降。1842年签订的《南京条约》强迫中国开放上海、厦门、宁波、福州供外国人贸易和居住。广州不再垄断对外贸易，不久上海便成为与西方贸易的中心。

美国对华贸易的快速船在1840年忙得不可开交，满载茶叶、瓷器和其他商品的航次屡创新高。快速船从广州到纽约平均需时100天，最快记录是84天。1849年，英国废除《航海条例》的最后一条，允许其他国家运货进入英国。当美国快速船赶在英国船之前把货品运到英国，英国也开始制造自己的快速船。在1860年，快速船贸易达到高峰，格林威治国家海洋博物馆的一幅画作记录了这个经典时刻——1866年9月6日“阿奈尔”（*Aerial*）号和“太平”（*Taeping*）号两艘快速船到达伦敦的场景。两艘船离开福州后第99天抵达伦敦，前后相差30分钟。不过内战如火如荼影响了美国的贸易，随着1869年苏伊士运河开通，蒸气船崛起，快速船时代宣告结束。

18世纪末19世纪初进口美国的瓷器，反映了这个新国家的口味。有的图案设计配合美国的民族主义和独立情绪，在一个相对短暂的时期为瓷器贸易注入了生气。鹰、旗帜、政治场景和一些典型景色是许多订单要求的内容，但与大量运来的品质较差、通常称作“南京货”或“广州货”的青花瓷相比，数量还是较少。

有趣的是，有一款流行图案似乎有英国的渊源。这种图案叫“费茨休”（Fitzhugh），仅用作边饰或单一图案。图案名称似乎来自英国一个参与对华贸易的家族，图案中心是一个大徽章，周围是四个分格，其中有中国画中常见的花卉和图案。饰边由菱形、花卉、蝴蝶和方格混合组成。1700年末，荷兰和英国等欧洲市场的瓷器上也有费茨休饰边，但这种图案和名称在过去和现在主要出现在美国市场。费茨休的品质通常高于其他外销瓷，不寻常的是它有许多颜色的版本：蓝色、红色、橘黄色、绿色、棕色，甚至黄色都有。它也有各种变种：美国市场较流行的一种，是用展翅飞翔的鹰来取代中心的大徽章。

乔治·华盛顿的辛辛那提协会套装餐具，是 1785 ～ 1786 年美国市场上最早的套装餐具，也有费茨休饰边。“中国皇后”号押运员赛缪尔·萧负责这套餐具的图案设计和订制，因

（页 158 上）1800 年的费茨休式蓝色餐具。David Overall 外销瓷。

（页 158 下）1800 ～ 1810 年的费茨休式绿色网纹水果篮及托盘，托盘长 27 厘米。这个水果篮及托盘非常脆弱珍贵，与前述的茶壶（页 114）采用相同的镂空技术，但网纹的形状不同。在未经烧制及施釉的瓷胎上镂刻很考验功夫。David Overall 外销瓷。

（上）1785 年的辛辛那提协会瓷盘，直径 24 厘米。David Overall 外销瓷。

（下）1785 年赛缪尔·萧订制的辛辛那提协会八角大浅盘，长 41.3 厘米。David Overall 外销瓷。

为他也是协会的创会者。该协会建立于1783年，以传说中的罗马元老院成员卢修斯·奎恩科提乌斯·辛辛那塔斯（Lucius Quin Ctius Cincinnatus）命名，只有革命战争中的军官及其后代才有资格成为会员。华盛顿是第一任会长，自然热衷于买一套餐具来表示他是这个高贵协会的成员。图案较为简单，一位代表“盛誉”的天使吹着喇叭，拿着绶带，绶带上挂着协会的徽章——一只抓着月桂枝的鹰。后来出现了这个图案的变奏，但华盛顿这套餐具的具体细节似乎是独一无二的。从瓷器上的交织花押字母可见，他们为有成员资格的家庭订购了几套带辛辛那提会徽的套装餐具。姿态优雅的鹰及其会徽配饰，应以镌刻画或会章原件为蓝本。赛缪尔·萧也为自己订购了一两套，因为他名字的缩写也出现在一些餐具上。

早期中国出口瓷器对那只象征美国的鹰，有时描绘

1805～1810年的华盛顿纪念图案汤盆，长19厘米。David Overall外销瓷。

1790～1795 年绘有美国鹰图案的咖啡壶和糖罂，高 25.5 厘米。出口美国市场的陶瓷上，经常绘有象征美国的白头鹰。它们形态各异，从州印章及纪念品到私人图案设计等各种主题，都常出现。David Overall 外销瓷。

得不那么在行：短小的翅膀，柔弱的颈，伸出的爪子瘦瘦的。但随着不断制作，这个图像不仅成为某些费茨休式瓷盘强有力的中心形象，而且是俯视《独立宣言》签订时的重大标志。这个图像也出现在 1799 年华盛顿逝世的纪念餐具上。在华盛顿纪念餐具上，华盛顿纪念碑的圆锥顶上栖息着一头鹰，边饰是花环和花丛，中间隔有花押字母。这些餐具可能制作于 1800 年左右，一般色调浅淡。

很少美国家族能合法拥有符合身份的纹章，但这不能阻止有些人觉得有必要通过某种方式来显示自己的地位。盾牌或漩涡装饰上经常使用花押字母组合，有时加上一点传统的纹章内容，如貂皮斗篷，或神话人物，但鹰之类的美国象征多半放在显著位置。1778 年采纳的、以 16 世纪

1795 年纽约纹章巧克力壶，高 20.2 厘米。David Overall 外销瓷。

末荷兰政府纹章为基础的纽约州徽章，就是这样一种主题的组合。从 1790 ～ 1810 年的许多组合中，纹章一般有象征“自由”和“正义”的直立人像站在盾牌或漩涡装饰的两边，盾牌或漩涡装饰中有山景和升起的太阳，顶上是半圆形的展翅的鹰。已知的其他州的纹章不多。随着纽约作为中国瓷器输入港的地位的上升，以及纽约州纹章含义的丰富，极其迷人，变化多样，这个图案便广泛流行起来。

有轮船图案的套装餐具在成为美国市场主角之前就流行了。差不多每个跟中国做生意的国家都希望以瓷器上的图案纪念海上贸易，无论是如实描绘特定帆船，或者是一般的轮船图形。就像其他主题一样，广州瓷器绘图工场可能有现成的图案样板，再添加一些细节，使它们符合具体订单要求。其他轮船图案可能根据提供给画工的镌刻版画或印刷材料仿制。在品质上，这些绘上船只图画的瓷器差别很大，有的非常精致，也有的仅为参与贸易的人买来作纪念而制作。绘画在外销瓷上最著名的船只是驶离麻省塞伦港的“友谊”(*Friendship*)号，约在1820年制造。

除了少量订制的瓷器外，运往美国的大多数瓷器属于所谓的“南京货”或“广州货”。这些青花瓷品质较低，但较实用，数量多，价格便宜。两种瓷器都是在景德镇烧制的，不过“广州货”在广州绘图。这两个术语有助识别各自的品质:“广州货”品质最差，“南京货”的品质实际上非常好，但不如费莰休式瓷器。不同于“广州货”，“南京货”也可能用描金装饰。两类瓷器都有其特色细节，如“广州货”的边缘下面有细细的扇贝形波纹线，“南京货”通

1825～1835年的南京八角盘，长33厘米。私人收藏。

1815 年的广州八角盘，长 32 厘米。私人收藏。

1860 年的人物花鸟广彩酒碗，直径 50.4 厘米。玫瑰大奖章纹饰出现得较迟，品质参差。这个大酒碗可能是特制的，其大小及绘画品质胜过其他类似瓷器。私人收藏。

常用几何图案饰边。当然还有其他细节，它们都有中国传统风景的不同变化：流水、小桥、画船、绿树、楼阁和宝塔，这些事物都是构成西方中国想像的要素。

19 世纪对华贸易必不可少的彩瓷有许多名称，都是后来给予的称谓，每个名称表示装饰的某种特色。常用的

大酒碗局部放大。

是“人物花鸟广彩”（Rose Medallion）、“人物广彩”（Rose Mandarin）和“花鸟广彩”（Canton Rose），这些名称指的是中心部位绘有中国官场人物或大奖章的瓷器。这些瓷器都随意地使用了粉彩，它们是18世纪中叶出口贸易的常规品种，从1820年开始非常流行。在19世纪后半叶，一种有许多彩色蝴蝶的图案也非常流行。

这些后期出现的广彩瓷器，瓷体质量和图案品质参差不齐。有的笨重粗糙，有的堪与19世纪最好的瓷器媲美。特拉华州温特图尔收藏品中一件1890～1900年间制造的人物花鸟广彩瓷盘较为独特，它在边缘的涡形装饰中画上荷兰东印度公司的徽章。制作这个瓷盘可能是为了纪念公司的历史，或纪念对公司有重大意义的某个日子，它是东西方首次面对面相遇的历史性贸易的最后遗迹。

结语

从中亚到罗马，从东南亚海域到西班牙占领的美洲，从中国口岸到欧洲各大首都和纽约，从第 9 世纪的中国皇帝到 19 世纪的鸦片战争，都贯穿着中国瓷器的东西方贸易故事。这是充满探险、创业、战争、沉船、财富得而复失、技术突破、装饰创新和跨文化交流等等内容的故事。无论从东方还是从西方角度来看，我们的世界都必须通过探索和贸易航程来开拓，而寻求瓷器则是这壮举的一部分。

在今天电子邮件和飞机旅行的时代，我们的社会早就忘记当初横跨半个地球寻觅宝物所花的时间和精力是多么巨大。陆上通道充满了风沙、盗贼、干旱、险境和政治纠纷，绘有花、鸟、蝴蝶和中国吉祥符号纹饰的瓷碟上的阿拉伯文，晚清。广东博物馆藏。

危机重重。海上通道虽然有利于瓷器运输，但同样存在风暴、劫掠、与其他商人勾心斗角、风信不易掌握等等风险。虽然无论循陆路还是海路，商人还得冒销售商品的风险，因为人们也许不喜欢或买不起瓷器，但他们都受到异国奇珍的吸引，对丰厚的利润趋之若鹜。世界由此变得多姿多采。

遗憾的是，几百年来中国和西方交流了大量货物，却没有真正努力去理解或欣赏对方的价值观和生活方式。外国商人被限制于中国的某些港口，中国商人很少跑到欧洲去，互相理解的机会少之又少。

欧洲根据充满异国情调的中国典型图像而形成“中国风格”，对许多人而言这是唯一能使他们想起中国的有形物体，不知道这些图像也可能是中国人对他们认为欧洲需要什么的一种诠释。中国传统上就不愿受外来影响，对他们奉命仿制的图案的来源地不感兴趣。是战火强迫打开中国口岸的大门，使贸易得以上升到更广泛更具实质内容的层面。

历史演进到近代，很显然，西方贸易商和押运员都是当今投资者和商家的先驱，后者向中国购买或外贩中国工厂制造形形色色专为供应全球出口市场的产品，其中许多产品都是根据外国客户提供的设计制造。中国和欧洲瓷器装饰主题交流也是一个永远不会完结的故事，如今东西方风格的双向交流仍在重演。

瓷器只是中国和西方珍品贸易中的一种商品，其数量和收益很难与茶叶相比，但却被研究得最多，因其耐用持久，能保存到现在，引起史学家和艺术品市场的注意。当然还因为瓷器美观而别具魅力，凡有瓷器从沉船中打捞上来，即使是一个茶壶或瓷盘，也因其曾深藏海底数世纪而仍会引起人们的莫大兴趣。无怪乎一有关于沉船捞获瓷器和拍卖这类珍品的新闻和拍卖会，总会引起世界各大都会的哄动。中国瓷器作为这么一段曲折多采的历史的有形联系，无疑将继续成为全球注视的焦点。

参考书目

Ames, Kenneth M., ed. *Contributions to the Archaeology of Oregon*, 1983-86.

Association of Oregon Archaeologists, Occasional Papers No.3, 1986.

Ayers, John, Oliver Impey, J.V.G. Mallert, Anthony du Boulay and Lawrence Smith. *Porcelain for Palaces: The Fashion for Japan in Europe*, 1650-1750. London: Oriental Ceramic Society, 1990.

Butler, Michael, Julia B. Curtis and Stephen Little. *Shunzhi Porcelain: Treasures from An Unknown Reign, 1644-1661*. Alexandria, Virginia: Art Services International, 2002.

Carswell, John. *Blue and White: Chinese Porcelain and Its Impact on the Western World*. Chicago: David and Alfred Smart Gallery, University of Chicago, 1985.

Carswell, John. *Blue and White: Chinese Porcelain Around the World*. London: British Museum Press, 2000.

Emerson, Julie, Jennifer Chen, Mimi Gardner-Gates. *Porcelain Stories: From China to Europe*. Seattle: Seattle Art Museum, 2000.

Espir, Helen. *European Decoration on Oriental Porcelain, 1700-1830*. London: Jorge Welsh Books, 2005.

Farrington, Anthony. *Trading Places: The East India Company and Asia 1600-1834*. London: The British Library, 2002.

Fuchs, Ronald W. II, and David S. Howard. *Made in*

China: Export Porcelain from the Leo and Doris Hodroff Collection at Winterthur. Winterthur, Delaware: Winterthur Publications, 2005.
Howard, David S. *Chinese Armorial Porcelain*. London: Faber and Faber, 1974.
____. *The Choice of the Private Trader: The Private Market in Chinese Export Porcelain Illustrated from the Hodroff Collection*. London: Zwemmer. 1994.
____. *New York and the China Trade*. New York: New York Historical Society, 1984.
Jackson, Anna and Amin Jaffer, ed. *Encounters: The Meeting of Asia and Europe 1500-1800*. London: V&A Publications, 2004.
Jőrg, Christiaan J.A. "Porcelain for the Dutch in the Seventeenth Century Trading Networks and Private Enterprise," in R.E. Scott, ed. *The Porcelains of Jingdezhen: Colloquies on Art and Archaeology in Asia*, No. 16, University of London/Percival David Foundation of Chinese Art, London (1995): pp.185-205.
____. *The Geldermalsen: History and Porcelain,* Groningen: Kemper Publishers, 1986.
____. *Porcelain and the Dutch China Trade*, The Hague, 1982.
Kerr, Rose, and Nigel Wood. *Science and Civilization in China: Ceramic Technology*. Vol. 5, Part 12, Cambridge: Cambridge University Press, 2004.
Le Corbeiller, Claire, and Alice Cooney Frelinghuysen. *Metropolitan Museum of Art Bulletin*, Vol. LX, no.3 (Winter 2003): p.6-60.
Litzenburg, Thomas V., Jr., and Ann T. Bailey. *Chinese Export Porcelain in the Reeves Center Collection at Washington and Lee University*. London: Third Millennium Publishing, 2004.
Medley, Margaret. 'Organisation and Production at Jingdezhen in the Sixteenth Century' in R.E. Scott, ed. *The Porcelains of Jingdezhen: Colloquies on Art and Archaeology in Asia*, No. 16, University of London/ Percival David Foundation of Chinese Art, London (1995): pp 69-82.
Mudge, Jean McClure. *Chinese Export Porcelain in*

North America, New York: Riverside Book Company, Inc., 1986.

Pierson, Stacy. *Earth, Fire, and Water: Chinese Ceramic Technology, A Handbook for Non-Specialists*. London: Percival David Foundation of Chinese Art, 1996.

Rawson, Jessica. *Chinese Ornament: The Lotus and the Dragon*. London: The British Museum, 1984 (2nd edition, 1990).

____. *The British Museum Book of Chinese Art*. London: Thames and Hudson, 1992.

Rinaldi, Maura. *Kraak Porcelain: A Moment in the History of Trade*. London: Bamboo Publishing, 1989.

Schurleer, D.F. Lunsingh. *Chinese Export Porcelain*. New York: Faber and Faber, 1974.

Shangraw, Clarence, and Edward P. Von der Porten. *The Drake and Cermeno Expeditions' Chinese Porcelains at Drakes Bay, California, 1579 and 1595*. Santa Rosa and Palo Alto: Santa Rosa Junior College and Drake Navigators Guild, 1981.

Sheaf, Colin, and Richard Kilburn. *The Hatcher Porcelain Cargoes: The Complete Record.* Oxford, Eng.: Phaidon Christie's, 1988.

Tichane, Robert. *Ching Te-Chen: Views of a Porcelain City*. Painted Post, NY: New York State Institute for Glaze Research, 1983.

Vollmer, John E., E.J. Keall, E. Nagai-Berthrong. *Silk Roads, China Ships*. Toronto: Royal Ontario Museum, 1983.

鸣谢

Phillip Allen, Cyril Beecher, Lynn Bradley and the Sunset Club, Helen Espir, Andy Ganse, George Manginis, David Hansen, David Overall www.overallexportporcelain.com, Jean Martin, Peter and Mary White, Wessel and Smith 通用制图工具, Jo Chua and Kristine Hooi.

索引

图片说明页码以粗体表示。